JN102266

一歩進める 英語学習・研究ブックス

英語らしさ獲得に役立つ

厳選 英語フレーズ 小辞典

井上亜依

開拓社

# はしがき

　明治時代中期に出版され，近代的国語辞典の嚆矢とされる『言海』に代表されるように，言葉はしばしば海にたとえられてきました．その広大な海を船で安全に渡るために，羅針盤や地図の役割を果たすものとして辞書が存在します．社会情勢や時代の変遷に応じてたゆたう海は，一定ではありません．おそらく航海中に目的地にたどり着くまで迷走することもある，つまり言葉で自己表現するために多大な時間や労力を要することがあるでしょう．そのたゆたう言語のありのままの姿を，科学的調査に基づいてあますことなく記述する使命を，辞書は果たさなければいけません．この記述は，無事かつ極力無駄を省いた航海をするには必要です．本書は，言語という海を効率かつ安全に航海する手助けとして，厳選したフレーズ（2 語以上から使用される語結合）の特徴を記述しています．

　本辞典で扱うフレーズは，馴染みがあり，わかりやすい英単語から成り立ちます．そのフレーズは，イディオム，コロケーション，句動詞，ことわざ，決まり文句，定型句，談話辞を含みます（それぞれの定義は，井上（2019: 5ff.）を参照してください）．本辞典は，パソコンとインターネットの普及の産物であるコンピューター・コーパス（膨大な電子化された言語資料収集体）を利用して，（1）に示すフレーズの包括的特徴を記述します．

(1) a.　the words a phrase occurs with
　　　　（フレーズと共に用いられる語）

　　b.　the grammatical patterns a phrase occurs in
　　　　（フレーズが用いられる文法形式）

　　c.　the meanings with which a phrase is associated

（フレーズが持つ意味）

    d.  the register of the phrase（フレーズの使用域）

このようなフレーズを研究対象とした研究領域を，フレイジオロジー（phraseology，定型表現研究）と言います．本辞典は，日本人英語学習者の英語力向上を，英語のフレーズの学問である英語定型表現研究（English phraseology）の視点から試みます．

  次に，なぜ本辞典が英語定型表現研究を導入するのか説明します．人間は個人が持つ創造力に関係なく，言語を使用する際に，それまでに聞いたもしくは何度も使ったことがあるフレーズの使用に強く依存します．(2) を見てください．(2) は，コメディの天才と呼ばれる Jon Stewart にインタビュアーが，「CNN の討論番組 (1982-2005, 2013-2014 まで放送) である Crossfire と Hardball with Chris Matthews (1999-2020 まで放送) のどちらが面白いですか」と質問した時の返答です．フレーズは，イタリック表記しています（日本語訳は省略します）．

(2)  Crossfire or Hardball?  Which is funnier?  Which is more *soul-crushing*, *do you mean*?  Both are equally dispiriting in their … *you know*, *the whole idea* that *political discourse* has degenerated into shows that have to be entitled Crossfire or Hardball.  And *you know*, "I'm *Gonna Beat Your Ass*" or *whatever they're calling them these days* is *mind-boggling*.  Crossfire, especially, is completely an apropos name.  It's what *innocent bystanders* are caught in when gangs are fighting.  And it just *boggles my mind* that that's given *a half hour*, *an hour a day* to … *I don't understand how* issues can be dissected from the left and from the right *as though* … even *cartoon characters* have *more than left and right*.  They have *up and down*.    (Goldberg 2019)

イタリックのフレーズを使用することで，Jon Stewart の返答は英語母語話者らしさと面白さを兼ね備えています．仮に，(2) のフレーズを (3) に示すフレーズを使用しない表現に書き換えた場合，Jon Stewart の返答は無味乾燥なものに近づきます．(3) を見てください．

(3) Crossfire or Hardball?  Which is funnier?  Which *causes less enthusiasm, do you intend*?  Both are equally dispiriting in their ... *you are aware, the complete idea* that *talk of politics* has degenerated into shows that have to be entitled Crossfire or Hardball.  And *you are aware*, "*You will be Defeated*" or *whichever names they are labeling them currently* is *upsetting*.  Crossfire, especially, is completely an apropos name.  It's what *uninvolved people* are caught in when gangs are fighting.  And it just *jiggles my brain* that that's given *0.5 -1/24* to ... *I do not comprehend in what way* issues can be dissected from the left and from the right *in the manner* ... even *characters in cartoons* have *things in addition to right and left*.  They have *down and up*.    (ibid.)

(2)，(3) より，フレーズを使いこなせるということは，英語らしさを獲得することができるという証左になります．

つまり私たちが考えるより，英語母語話者は英語を母語としない人たち以上にフレーズの使用に依存している，ということがわかります．また，英語母語話者のように言語を使用する秘訣の 1 つは英語母語話者が使う慣習の通りに言語を使用すること，ということです．これだけでなく英語母語話者は，英語を母語としない人たちよりも予測性（ある語やフレーズが使用される語や文法形式，それらが使用される文脈などがわかることです．）に熟達している，ということもわかっています．

では，日本におけるフレーズの包括的な特徴を記載した辞書として

どのようなものがあるのか説明します．英語定型表現研究は，次に述べるように日本では古くて新しい学問領域です．

　日本の英語定型表現研究は，20世紀初頭に始まります．嚆矢としての辞書は，『英和雙解熟語大辭典』(*A Dictionary of English Phrases*, 1909年，神田乃武・南日恒太郎（共編））です．この辞典の英文で書かれた Preface によると，The lack of a reliable phrase dictionary on any comprehensive plan has been regret and a check to thousands of students in the way of learning English.（包括的な企画をもとに作られた信頼のおけるフレーズの辞書がなかったことは，何千人という英語学習者にとって遺憾であり妨げとなっていた）とあり，当初より教育学的視点からフレーズの重要性は理解されていました．その後，フレーズに焦点を当てた辞典が試行錯誤を繰り返しながら出版されてきました．これまで出版された辞典は，フレーズに特化したものではなく私たちが現在使用する一般的な辞書のように，英単語の情報の記述が優先され，それに付随してフレーズが記述されてきました．このため，フレーズは質的・量的に満足のいくものではありませんでした．しかし，コンピューター・コーパスの出現と使用により，フレーズに再び光が当てられ，その実態が把握しやすくなりました．その結果，辞典におけるフレーズの記述も大きく改善し充実しつつありますが，まだまだ改善の余地があります．一例をあげると，フレーズが辞書の中で正しい内容で，正しい場所に記述されていない，ということです．本辞典はフレーズを正しく定義し，それらについて正しい記述を試みます．

　本辞典は，フレーズの実態を重要語に限定して明確に記述します．それでは，重要語とは何なのでしょうか．

　Longman Communication 3000 という語彙リストがあります．これは，3億9000万語からなる Longman Corpus Network を使用して，話し言葉と書き言葉の両方で頻繁に使用される語彙を選択したものです．この Longman Communication 3000 は，英語の中核的な語

彙であり，英語学習者が効果的な意思疎通のために学習する必要がある重要な語彙です．また，この話し言葉と書き言葉両方で頻繁に使用される 3000 語は，英語の 86% を占めています．言い換えると，この 3000 語を学んだ際，英語学習者は 86% もしくはそれ以上の英語を「知る」ということになります．仮に英語を「知る」ことができたとしても，語彙により性質や特徴が異なるので英語を「使う」ことは難しいものになります．

　本辞典は，この Longman Communication 3000 を活用し，話し言葉及び書き言葉において高頻度で使用される約 200 の語彙（内容語（名詞，動詞，形容詞，副詞のように実質的な内容を表す語のこと））を選択します．そして，この限定された約 200 語を使用しているフレーズの実態を，誰もが利用できるコーパスを利用して記述します．また本辞典は，上記の重要語を利用したフレーズ以外に，現代英語に観察される特徴あるフレーズの実態も紹介します．このような新たな試みである本書が，英語らしさを伴った言語活動への一助になることを切に願っています．

　最後になりましたが，本書だけでなくこれまで出版の機会を与えたくださった開拓社及び白眉の編集者である川田賢氏に，甚謝申し上げます．

2024 年 3 月　北鎌倉にて

## 略語と記号

(AmE): American English

(BrE): British English

sb: somebody

sth: something

smw: somewhere

⇆: 反意語

(コ): コンピュータ

(会話): 話し言葉

(形式): 書き言葉

(略式): 話し言葉で用いられるくだけたフレーズ

## accept 他動詞

**(1) (贈り物, 申し出, 招待など) を受け入れる**

**accept + 名詞** : offer (申し出), invitation (招待), award (賞), gift/present (贈り物/プレゼント), job (仕事), lift (BrE)/ride (AmE) (車に乗せること), opportunity (機会), donation (寄付), money (金), bribe (賄賂)

◆ 日常的には, take を使用する.

e.g. She offered me a new job and I gladly accepted it. → She offered me a new job and I gladly took it.

◆ accept an offer もしくは, take sb up on one's offer と言う.

**副詞 + accept** : gladly (喜んで), willingly (快く), unwillingly (嫌々), readily (快く), reluctantly (嫌々), gracefully (奥ゆかしく), graciously (丁重に)

**動詞 + accept** : be glad/happy/willing to (喜んで), be reluctant/unwilling to (嫌々), be unable to (できない)

**accept + 名詞 + 前置詞** : accept + 名詞 + from

**(2) (問題, 状況, 忠告, 提案, 説明, 責任など) を容認する, 受け入れる, 認める, 同意する ⇆ reject**

**accept + 名詞** : help/aid/assistance (助け), challenge (挑戦), argument (議論), fact (事実), principle (規則), proposal (提案), recommendation (訂正), responsibility/blame/liability (責任), consequence (結果), idea (アイデア), defeat (負け), premise (根拠), reality (現実), punishment (罰), compromise (妥協, 和解),

1

cookies 《コ》(クッキー)

副詞 + accept ： fully（全面的に），readily（喜んで），unwillingly（嫌々），blindly（むやみに），unquestioningly（疑わずに），grudgingly（しぶしぶ）

動詞 + accept ： be happy to/be prepared to/be ready to（喜んで），be willing to（いとわない），be reluctant/unwilling to（嫌々），be unable to（できない），be forced to/have to（せざる得ない），refuse to（拒否する），learn to（するようになる）

accept + 名詞 + 前置詞 ： accept + 名詞 + for

文法形式 ： accept that 節，accept the fact that 節，it is widely/commonly/generally/universally accepted that ~（~は広く/一般的に/普遍的に受け入れられている）

フレーズ

**accept sth at face value**　sth を額面通りに受け入れる

**be compelled to accept ...**　泣き寝入りする [... には sb's fate/misfortunate（運命/不運），the loss（喪失），the situation（状況）など，もしくは名詞・動名詞がくる]

**have no choice but to accept**　受け入れるしかない

## (3)　(人を仲間，組織の一員として) 認める，受け入れる

副詞 + accept ： blindly（やみくもに），unquestioningly（疑わずに），grudgingly（しぶしぶ）

動詞 + accept ： be happy/willing to（喜んで），be prepared/ready to（準備ができている）

accept + sb as ~（sb を~として認める），accept + sb into ~（受身で用いられる）： be accepted into ~（~に受け入れられる）

A

## ┃ act 名詞

### (1) 行為，ふるまい

形容詞＋act ： criminal（犯罪），political（政治的），terrorist（テロ），
violent（暴力的），random（手当たり次第），sexual（性），creative
（創造的），physical（身体的な）

動詞＋act ： control（制御する），carry out/perform（行う）

◆日常会話では，a kind/stupid act よりも kind/stupid thing to do
という表現が使用される傾向にある．

フレーズ

**a hard/tough to follow** まねのできない行為

**act of God** 神の仕業，不可抗力

**an act of ~** ～という行為 [e.g. an act of violence（暴力行為），an
act of worship（礼拝の儀式），etc.]

**catch sb in the act (of ~ing)** 人が～しているところを捕まえる

**clean up your act** 改心する，行いを改める

**get your act together** 《略式》しっかりしなさい！

**get in on the act** 《略式》儲け話に乗る

**in the act of ~** ～している最中に

**the simple/very act of ~ing** ～という行為そのもの

### (2) 法律

動詞＋act ： introduce（導入する），pass（可決する），amend（修正
する）

act＋動詞 ： become law（試行される），come into law（BrE）（試行
される），apply to ~（～に適応される）

フレーズ

**under the/an act** 法律のもとで

## (3) 出し物，演技（芸），芸人

形容詞＋act ： opening（前座），final（最後の），balancing（綱渡り），
  juggling（ジャグリング，一度にいくつものことを行うこと），solo
  （ピン），double（コンビ），main（主役の），support（脇役の）

動詞＋act ： do/perform（行う），rehearse（リハーサルを行う）

フレーズ

**do a disappeargin/vanishing act**　雲隠れする

**put on an acts**　気取る，一芝居打つ

---

## ┃ act　動詞

### (1) 行動する

◆ 日常会話では，act correctly/bravely のよりも do a right/brave
thing を使用する．また，act が「行為を起こす」の意味で一語で使用
される場合，do something を使用する．

フレーズ

**act in good faith**　誠実に行動する

**act out of necessity/desperation/curiosity, etc.**　必要に迫られて/
  自暴自棄になって/好奇心から行動する

**act to ~**　~を行動に移す

**Act your age.**　年を考えて，いい年をして

**Act your age, not your shoe size.**　年甲斐もない

### (2) ふるまう

act＋形容詞 ： big（威張る）[act bigger that sb is（虚勢を張る）とも
  いう]，elegant/smart（格好をつける）[elegant の場合はキザ，
  smartn 場合は頭がよく生意気なニュアンスがある]，immature（大
  人気ない）[act like a child ともいう]，innocent（何食わぬ顔をす
  る），natural（気をてらわない）

|act＋副詞|： suspiciously/strangely（挙動不審）, reasonably（合理的に）, fairly（公平に）, illegally（違法に）, modestly（控えめに, 自粛して）, pompously（横柄に）

|act＋接続詞|： act if/like ~（まるで~であるかのように）

## (3)　演じる

フレーズ

**act the part/role of ~**　~の役を演じる

### (1) (2) (3) 以外の意味で使用される act のフレーズ

**act (for sb) on sb's behalf**　法廷で~の代理を務める

**act grown-up for sb's age**　ませている

句動詞

**act as ~**　（他動詞）~としての役目を果たす

**act on ~**　（他動詞）~（情報, アドバイス, 命令など）に基づいて行動する

**act out**　（他動詞）(1) 実演する, (2)（感情, 考えなどを）行動に出す

**act up**　（自動詞）(1)《略式》行儀が悪い, (2)（機械, 身体の）調子が悪い

---

## ▍　action　名詞

**行動, 行為, 措置**

|形容詞＋action|： immediate/swift/prompt（迅速な）, urgent（差し迫った）, firm/tough/decisive（断固たる）, political（政治的な）, affirmative（差別是正）, direct（直接的な）, join/collective（集団的）

|動詞＋action|： take（とる）, demand/call for（要求する）, swing/spring/leap into（迅速に）, put ~ into（~を行動に移す）

|前置詞＋action|： in（活動して）, out of（活動しないで）

フレーズ

**a course of action**　行動方針

**a plan of action**　実行計画

**a quiet person of action**　不言実行の人

**actions speak louder than words**　（ことわざ）行動は言葉より雄弁
である

**get/have a piece of the action**　一口乗る［get/be in on (a piece
of) the action ともいう］

**see sb in action**　お手並み拝見

**steal a piece of the action**　（儲け話，うまい話などに）割り込む

## activity 名詞

**活動，行動，働き**

形容詞＋activity：political（政治的），economic（経済的），busi-
ness（企業），commercial（商業），human（人間の），criminal（犯
罪）

動詞＋activity：take part in/be involved in（参加する），do/per-
form（行う）

フレーズ

**a hive of activity**　活気溢れる場所

**the level of activity**　活動水準

## address 名詞

**(1) 住所**

形容詞＋address：sb's home/private（自宅の），sb's work/busi-
ness（勤務先の），sb's school（学校の），the full（省略していない），

A

forwarding（転送先の），fake／false（虚偽の）

**動詞＋address**：give sb one's ～（人に～の住所を教える），have／know sb's ～（～の住所を知っている），lose one's ～（～の住所を忘れる）

**フレーズ**

**a change of address**　住所変更

**a person of no fixed address**　住所不定の人

**an address book**　アドレス帳

**sb's name and address**　名前と住所

## (2)　（インターネット上の）アドレス

**形容詞＋address**：sb's email（～のEメール），a web／website（ウェブサイトの）

## (3)　演説

**形容詞＋address**：presidential（大統領），inaugural（就任），key-note（基調），radio（ラジオ），television／televised（テレビ），open-ing（開会）

**動詞＋address**：deliver／give（行う）

**前置詞**：in a／the ～（演説で），by ～（～による），to ～（～への）

**(1)(2)(3) 以外の意味で使用されている address のフレーズ**

**a form／mode／style of address**　呼称

## age　名詞

## (1)　年齢

**形容詞＋age**：young／early（若年），middle（中年），old（高齢），great／advanced（老齢），difficult／awkward（難しい），retirement（定年），school（学齢），school-leaving（BrE）（学校を卒業する），

voting（投票），legal（法定）

動詞＋age ：get to/reach/live to（〜の年齢に達する，〜まで生きる），
lower（引き下げる），raise（引き上げる），look sb's ~（年相応に見える），feel sb's ~（年齢を感じる），Act your age. → act を参照

age＋名詞 ：~ group/bracket/range（年齢層），~ limit（年齢制限）

前置詞 ：for sb's age（年齢の割には），be sb's age/be the same age as sb（〜と同い年），a person of sb's own age（同年代の人），come of age（成人に達する），under age（年齢に達していない），with age（年齢ととともに），a sign of age（年齢のサイン）

フレーズ

**Act your age, not your shoe size.**   → act を参照

**be too advanced for sb's age**   ませた

**the age of consent**   承諾年齢

**unbecoming to sb's age**   年甲斐もない

**You can't tell her/his age.**   彼女/彼は年齢不詳だ．[a person of uncertain age（年齢不詳の人）は，やや改まった言い方]

## (2) 時代

形容詞＋age ：different（異なる），industrial（産業化），modern（現代），golden（黄金）

前置詞 ：an age of ~（〜の時代）

フレーズ

**in this day and age**   今この時代に

## (3) （複数形で）(BrE)《略式》長い間

for ages（長い間），take/spend ages（ずいぶん時間がかかる），It's ages since/before/until ~（〜以来/以前/までに長い間がある），what seems (like) ages（長い間）

## | **air** 名詞

**空気, 大気**

形容詞＋air：fresh（新鮮な），clean（すんだ），warm（あたたかい），hot（熱い），cool（涼しい），cold（冷たい），crisp（清々しい），polluted（汚染された），stale（澱んだ），sea/mountain/country（海の/山の/田舎の），morning/evening/night（朝の/夕方の/夜の），例外：the air is thin.（空気が薄い）

動詞＋air：breathe in（吸う），breathe out（吐く），fight for/gasp for（あえぐ），let in some ~（風を入れる），put ~ into sth（(風船などに) 空気を入れる）

**フレーズ**

**airs and graces**  お高くとまった [no airs and graces（気さくな）で使用されることが多い]

**be in the air**  (1)（感情などが）広まる，(2) 近々起こる

**be on/off (the) air**  放送中である/放送されない

**be up in the air**  未決定である [**leave sth up in the air**  中途半端のままにしておく]

**be walking/floating on air**  有頂天になる

**by air**  飛行機で旅行する

**clear the air**  誤解を解く

**disappear/vanish into thin air**  跡形もなく消える，蒸発する

**give sb the air**  肘鉄砲をくらわす

**like breathing the air**  のれんに腕押し

**out of thin air**  何もないところから

**possess an air of authority**  貫禄がある

**put on airs/give yourself airs**  気取る [この場合，airs というように複数形が使用される]

**take to the air** 飛行する

## answer 名詞

### (1) 返事，返答

形容詞 + answer ： honest（正直な），straight（率直な），short（短い），definite（明確な），affirmative/positive（肯定的な），negative（否定的な）

動詞 + answer ： give sb ~（人に返答する），get/receive/have（もらう），wait for ~（待つ），get no ~（返答なし）（誰かの家に訪問し，ドアをノックした際に不在の場合に使用する）

前置詞 ： in answer to（〜に答える），answer to ~（〜への返答）

### (2) 解答，答え

形容詞 + answer ： right（正しい），wrong/incorrect（間違った）

動詞 + answer ： give（与える），find（見つける），guess（推測する）

**フレーズ**

**get the answer the wrong/right** 間違って/うまく答える

### (3) 解決策

形容詞 + answer ： easy（簡単な），simple（単純な），obvious（明瞭な），reasonable（筋の通った），plausible（もっともらしい），pefect（申し分のない）

動詞 + answer ： give/offer（提供する），have（ある），seek（求める）

前置詞 ： be the answer to sb's problems/worries, etc.（〜の問題/心配事への解決策）

**(1) (2) (3) 以外の意味で使用されている answer のフレーズ**

**have an answer for everything**（= have a comeback for every-thing） ああいえばこう言う，減らず口をたたく

**know/have all the answers** 《略式》経験豊富である，何でも知っている

**pretend to know/have all the answers** 知ったかぶりをする［1語で言うと a know-it-all（軽蔑的もしくは皮肉的に用いられる）］

**sb's answer to sth** 《形式》〜に匹敵する人

---

### ▌ **answer** 動詞

**(1) 答える，回答する**

副詞 ：affirmatively（肯定的に），negatively（否定的に），honestly（正直に），rudely（開き直る）［＝give sb lip ともいう］

answer＋名詞 ：the phone/a call/the door（電話に出る/来客に応じる）

文法形式 ：answer that 節

**(2) 解答する**

副詞 ：correctly（正しく），incorrectly（不正確に）

**(3) 説明する，弁明する**

answer＋名詞 ：criticism（批判），charges（責任），accusation（非難）

#### （(1)(2)(3) 以外の意味で使用されている answer のフレーズ）

**answer a need** 要望に叶う，必要に答える

**answer the description of ~** 〜と（背格好，年恰好，人相が）一致する

#### 句動詞

**answer back** （自動詞/他動詞）口答えする（＝talk back）

**answer for** （他動詞）(1) 責任を負う［have a lot to answer 《略式》で使用される］，(2) 〜を保証する［can't answer for sb 《略式》で使

用される]

**answer to** （他動詞）（1）（何か悪いことに対して）説明する，（2）（名前に）反応する［answer to the name of sth で使用される］

## ▌ **area** 名詞

### (1) 地域

形容詞＋area ： rural （田舎の），urban （都会の），remote/outlying （辺鄙な），isolated （孤立した），local （地元の），surrounding （周辺の），wooded （森林の多い），mountainous （山の多い），coastal （沿岸沿いの），residential （住宅），industrial （工業），built-up （中心地の），deprived （貧困），high-crime （犯罪の多い），populated （人工の多い），conservation （保護）

動詞＋area ： move into/out of （転入/転出する），keep/stay away from （近づかない，離れる），be spread out over a wide ~ （広範囲に広がる）

### (2) 区域，場所

形容詞＋area ： non-smoking （禁煙），kitchen （台所），dining （食堂），storage （保管），designated （指定），reception （受付），penal-ty （ペナルティ）

### (3) 領域，分野

形容詞＋area ： key （主要），problem （問題），subject （主題）

動詞＋area ： cover （扱う），explore （調べる）

前置詞 ： the area of interest/study （関心/研究領域），in an/the area （領域で）

A

## ▎ arm 名詞

### (1) 腕

形容詞＋arm ： right/left （右/左）, broken （折れた）, bleeding （出血した）, bruised （あざができた）

動詞＋arm ： cross/fold （組む）, put sb's arm around sb （人の身体に腕を回す, 人を両手で抱きしめる）, take sb by the ~ （掴んで~に連れて行く）, take/pull sb in sb's arms （人を~の腕の中に優しく抱き込む）, stretch out （伸ばす）

arm＋動詞 ： outstretch （伸ばす）

前置詞 ： under sb's arm （小脇に抱えて）, in sb's arms （人の腕の中に）

フレーズ

**a babe in arms**　乳飲子

**a shot in the arm**　カンフル剤

**arm in arm**　腕を組み合って

**as long as your arm**　《略式》（リスト・文書などが）やたらと長い

**at arm's length**　手を伸ばしたところに

　cf. **keep/put/hold sb at arm's length**　人と距離を置く

**cost an arm and a leg**　《略式》高価な

**fold sb in your arms**　腕を回して人を近くに引き寄せる

**just sit back with sb's arms crossed**　手をこまねいて見ている

**lie with arms and legs outstretched**　大の字になって眠る

**sb should give their right arm to do sth**　是が非でも~したい

**welcome/accept sb/sth with open arms**　心から~を歓迎する/受け入れる

**with arms akimbo**　くの字にした腕を腰に当てる

## (2) （複数形で）武器，兵器

形容詞＋arms ： nuclear（核兵器），small（小火器）

arms＋名詞 ： trade（取引），dealer（商人），embargo（禁輸）

動詞＋arms ： take up ～（against sb）（武器をとる，～との戦いに備える），lay down sb's ～（戦いを止める）

前置詞 ： under arms（戦いに備えて，武器を持って）

フレーズ

**be up in arms** 憤慨する，いきりたつ

**brothers in arms** 戦友

コラム

**as it was** （比喩的に用いられる）たとえば，まるで，いわば

ポイント：as it was は，仮定法 as it were が変化したフレーズです．as it was の機能は，as it were と類似しています．このフレーズ以外に，If I were you から If I was you へ変化，If it were not/weren't for から If it was not/wasn't for へ変化します．このように，were と was の融合が起き，was に変化しつつあります．

## attention 名詞

### 注意，注目

形容詞＋attention ： undividend/full（集中した），public（世間の），media/press（メディアの）

動詞＋attention ： turn sb's ～ to ...（注意を ... に向ける），hold/keep sb's ～（注意を引き続ける），pay/give/show ～ to ...（... に注意を払う，構う），divert/distract/draw ～ from ...（... から注意を逸

らす）, attract/catch/get sb's ~ （人の注意を引く）, draw/call ~ to … （注意を…を向けさせる）[focus ~ on と同じ]

前置詞：for the attention of sb （~宛の）

フレーズ

**attention to detail** 細部への注意

**avoid attention** 人目をはばかる

**bring sth to sb's attention** 人に…を知らせる [受身で使用されることが多い]

**come to sb's attention that ~** ~が気になる [It comes to sb's attention that ~ のパタンで使用される]

**escape sb's attention** 気づかない

**stand to/at attention** （兵士が）気をつけの姿勢で立つ

**the center of attention** 注目の的（人について言う）

**B**

## baby 名詞

**赤ちゃん，子供**

形容詞＋baby： newborn （生まれたての），unborn （胎児），premature （早産の），illegitimate （私生児）

動詞＋baby： have/give birth to ~ （産む），lose ~ （流産する），deliver （取り上げる），abandon （捨てる），be expecting （妊娠する）

baby＋動詞： be born （産まれる），be due （産まれる予定である），crawl （はいはいする），drool （よだれをたらす）

baby＋名詞： boy/girl （男の赤ちゃん/女の赤ちゃん），son/daughter/brother/sister （末の息子/娘/弟/妹），clothes （ベビー服），food （ベビーフード，離乳食）

フレーズ

**sb's baby** 〜の恋人，パートナー

**speak baby talk** カタコトで話す

**this/that baby** （AmE）《略式》かっこいい車，機械

**throw the baby out with the bathwater** 不要なものと一緒に大事なものも捨てる

## bed 名詞

**ベッド**

形容詞＋bed： single （シングル），double （ダブル），king-size （キングサイズ），queen-size （クイーンサイズ），bunk （二段），spare

（予備の，来客用）

動詞＋bed：go to（寝る），get into/get out of（寝る/起きる），climb into（潜り込む），jump into/out of（飛び込む/飛び起きる），make the（整える），change（ベッドシーツを替える），put sb to（人を寝かしつける），take to your（病床につく），wet the（おねしょをする）

フレーズ

**can't die peacefully in (sb's) bed**　畳の上で死ねない

**early to bed, early to rise**　早寝早起き［ことわざ：**Early to bed, early to rise makes a man healthy, wealthy and wise.**　早寝早起きは，健康と豊かさと賢さの源である.］

**get out of bed on the wrong side** (BrE), **get up on the wrong side of the bed** (AmE)　《略式》寝起きが悪い［be a bear in the morning も同じ意味］

**go to bed with sb**　《略式》〜とセックスする

**good/bad in bed**　《略式》体の相性がいい/悪いパートナー

**jump/get into bed with sb**　(1)《略式》会ったばかりの人とセックスする　(2) 人と仕事上の関係を始める

**put sth to bed**　…を解決させる，終わらせる

**never make sb's bed**　万年床

**sb has made sb's bed, and sb must lie/sleep in it**　《略式》自分が蒔いた種だ，自業自得だ

**sit on a bed of nails**　針のむしろに座る

**sth/life is not a bed of roses**　人生はそんな楽なものじゃない，いばらの道だ

## ▌ **beginning** 名詞

**(1) 始まり，最初，開始**

形容詞＋beginning ： new（新たな），hopeful（幸先の良い）

動詞＋beginning ： mark（告げる），start at（始める）

フレーズ

**at the beginning of ~**　～の初め

**be just the beginning**　今始まったところである

**from beginning to end**　最初から最後まで

**from the very/right from the beginning**　そもそもの始まりから

**since the beginning (of ~)**　～の始めから

**the beginning of the end**　終わりの始まり

**(2) （複数形で）初期の頃，幼少の頃，冒頭**

フレーズ

**from humble/small beginnings**　貧しい/小さな始まりから

**have the beginnings of ~**　最初から～である

コラム

**be in and out**　　(1) 空いている
　　　　　　　　　　(2)（期間を表す副詞的語句を伴って）行っ
　　　　　　　　　　　　たり来たり

ポイント： be in and out は，主に会話で使用される複合前置詞
のフレーズです．(1) の意味で使用される be in and out は単独
で，(2) の意味の be in and out は [be in and out＋期間を表す
副詞的語句（for a couple of weeks など）] の形式で使用されま
す．ストレスは，be in and óut が一般的です．

**be in to ~**　(1) ～に達する　　(2) ～に到着する
　　　　　　　(3) ～に従事する　(4) ～に行った

ポイント：be in to は，主に会話で使用される複合前置詞のフレーズです．be in to は文脈に応じて様々な意味を持ちますが，(1) は [be in to＋時・数]，(2) は [be in to＋場所]，(3) は [be in to＋職種]，(4) は [have been in to＋場所] の形式で用いられます．ストレスは，be in tó が一般的です．

**be on against ~**　（主語が人・番組など）～と裏番組で競い
　　　　　　　　　　合っている

ポイント：be on against は，主に会話で使用される複合前置詞のフレーズです．① [主語（人・番組）＋be on against＋人・番組]（主語が～と裏番組で競い合っている）と② [主語（人・番組）＋be on against＋each other]（お互いに裏番組で競い合っている）という形式で用いられます．ストレスは，be ón against が一般的です．

---

| **bill**　名詞　(AmE) では check

**(1)　請求書，勘定，料金，代金**

形容詞＋bill ： big/huge（高額の），electric/gas/phone（電気/ガス/電話），hotel（ホテル代），tax（納税通知書），unpaid/outstanding（未払いの）

動詞＋bill ： pay/settle（済ませる），foot/pick up（支払う），run up（かさむ）

bill＋動詞 ： ~ comes to …（…になる）

**(2)  法案**

形容詞＋bill ： controversial（物議を醸す）, emergency（緊急）, budget（予算）, reform（改革）, immigration（移民）

動詞＋bill ： pass（可決する）[a bill was passed. のように受身で使用される], amend（修正する）, approve（承認する）, debate（討論する）, draft（起草する）, introduce（提出する）, oppose（反対する）, kill（握りつぶす）, ram ~ through the Diet（無理押しする）

フレーズ

**fit/fill the bill**  まさしく欲しいもの，ドンピシャである

**get a clean bill of health**  医者から健康の太鼓判を押される

**give sth a clean bill of health**  …に太鼓判を押す

**run out on a sb's bill/fail to pay a sb's bills**  勘定を踏み倒す

**skip out on the bill/check**  食い逃げする [skip out without paying the bill/check, stick sb with the bill/check ともいう.《略式》では dine and dash という.]

**split the bill**  割り勘にする [二人で割り勘にする場合は，go halves という. 誰か一人が勘定を持つ場合は，take care of the bill, foot the bill という.]

**the (old) bill**  (BrE)《略式》警察

**top the bill**  主役である，重要である

---

## blood  名詞

**血，血液**

形容詞＋blood ： cold（冷血）, clotted（凝固した）, arterial/venous（動脈血／静脈血）, contaminated（汚染された）, royal（王族の）

動詞＋blood ： lose（出血する）, give/donate（献血する）, draw（流させる）, be covered in（覆われる）, be caked with（こびりついた），

be spattered/splattered with （飛び散った）

blood＋動詞 ： flow （流れる）, trickle （滴り落ちる）, ooze （滲み出る）, gush/stream （勢いよく流れ出る）

blood＋名詞 ： pressure （血圧）, sb's ~ type/group （血液型）, cell （血球）, vessel （血管）, clot （血栓）, supply （供給）, test （検査）, sample （サンプル）, transfusion （輸血）

フレーズ

**a drop of blood** 一滴の血

**a pool/trick of blood** 血だまり

**a sea of blood** 血の海

**bad blood between ~** ～は仲が悪い

**be after sb's blood** 人に対して激怒する

**be/run in sb's blood** ～の血に流れている

**blood and guts** 流血もの

**blood is thicker than water** 血は水よりも濃い

**blood, sweat and tears** 激務, 骨が折れるほどの努力

**blue-blooded** 貴族出身の

**burst a blood vessel** 青筋を立てる

**draw blood** 人を怒らせる

**go for blood** 真剣勝負をする [play for keep, do it for real ともいう]

**have (sb's) blood on your hands** 人の殺害に責任がある

**in cold blood** 冷酷に

**It's in the blood.** 血は争えない, カエルの子はカエル [Like father, like son ともいう]

**like getting blood out of a stone** 不可能なこと, 困難なことをする

**lose of blood** 失血

**make sb's blood boil** 人を激怒させる

**make sb's blood run/turn/go cold**　人を怖がらせる

**new/fresh blood**　新しいメンバー

**red-blooded**　男らしい，活力に満ちた

**red-blooded cell**　赤血球

**sb's blood is boiling**　殺気立つ

**sb's blood is up**　(BrE) 激怒する

**shed sb's blood**　人を傷つける

**spill blood**　(戦い，喧嘩で) 人を殺す

**sweat blood**　四苦八苦する

**the blood drains from sb's face**　人の顔から血が引く

**the blood rushes to your face/cheeks**　(恥ずかしさで) 赤面する

**there'll be blood on the carpet**　(BrE) 激しい争いがある

**white-blooded cell**　白血球

**You can't get blood out of a stone.**　ない袖は振れない

**your own flesh and blood**　肉親，身内

## ▌　**book**　名詞

**(1)　本，書物**

形容詞＋book：new（新刊），latest（最新作），best-selling（ベスト
セラーの），forthcoming（近々出版される），used（古），reference
（参考図書）

動詞＋book：read（読む），look through（ざっと目を通す），write
（書く），publish（出版する），borrow（借りる）[take out a book
(BrE)]，return（返す），renew（貸出期限を延長する），browse
through（立ち読みする）

book＋動詞：come out（出版される），be out of print（絶版になる）

book＋名詞：shop（本屋），seller（出版社），token (BrE)（図書券），
review（書評），fair（書籍見本市），person（読書家）[an avid read-

er, an extensive reader, a bookworm なども同じ意味]

前置詞 : a book on/about ~ （～についての本）

## (2) （複数形で）帳簿，名簿

B

動詞＋books : balance/adjust（合わせる），do/keep（つける），cock/manipulate（ごまかす，粉飾する），pad（経費を水増しする），juggle/fix/falsify（粉飾決済をする），wipe sth off（帳消しにする）

名詞＋books : address（アドレス帳），exercise（エクササイズ帳），phone（電話帳）

前置詞 : on the books（登録されている），on sb's books（～の名簿にのっている）

フレーズ

**a closed book** （1）終わったこと （2）理解できないこと

**a turn-up for the book** 驚く，予期せぬ出来事

**an open book** 隠し事はないもの，人

**be in sb's good/bad books** 《略式》～の人受けが良い/悪い

**be on the books** （法律などが）効力を持つ

**bring sb to the book** （BrE）（1）～に罰を与える （2）～に説明を求める

**by the book** （go とともに，do/play sth by the book）規則通りに，杓子定規に

**close the book on sth** （1）～にピリオドを打つ （2）決算する

**crack the books/study** 勉強する

**in my book** 《略式》私の意見では

**never/don't judge a book by its cover** 見かけではわからない

**read sb like a book** 人のことが手にとるようにわかる

**statue book** 法令集

**suit sb's book** 人に好都合である

**take a leaf out of sb's book** ～の真似をする，見習う

**throw the book at sb**　人を厳しく罰する

---

## | **book**　動詞

**予約する**

[副詞] : be fully booked（予約で一杯である），be booked up/solid（予約で一杯である），book in advance（前もって予約する）

**［フレーズ］**

**be booked up**　人が予定で一杯である，忙しい，先約がある

**［句動詞］**

**book in**　(BrE) (1)（他動詞）予約の手配をする　(2)（自動詞）(check in (AmE)) チェックインする

**book on**（**book sb on sth**）（自動詞）人のために...の予約をする

---

## | **building**　名詞

**建物，建造物，建築物**

[形容詞+ building] : tall（高い），high-rise（高層），low（低い），office/school/hospital（オフィスビル/校舎/病棟），public（公共の），beautiful（美しい），impressive/imposing（堂々とした），brick/stone/wooden（レンガの/石の/木の），two-story（二階建ての），historic（歴史的），listed (BrE)（（文化財などの）指定），derelict（廃墟）

[動詞+ building] : put up/erect/build/construct（立てる），pull/knock/tear down（解体する），demolish/destroy（取り壊す），design（設計する）

[building +動詞] : house（～を収容する），stand/sit（建っている）

## **bus** 名詞

バス

形容詞＋bus ： school（スクール），shuttle（シャトル），double-decker（二階建て），open-topped（屋根のない二階建て），crowded（混雑した），tourist（観光）

動詞＋bus ： go/travel by（行く / 旅行する），go on the/use the（行く / 利用する），get/take/catch（乗る），ride（AmE）（乗る），get on/off（乗る / 降りる），wait for（待つ），miss（乗り遅れる）

bus＋動詞 ： run（定刻通りに運行する），pull up/stop（止まる），be late（遅れる），be full（満員である）

前置詞 ： a bus for ~（~行きのバス），a bus from ~（~からのバス）

フレーズ

**miss the bus/boat** 好機を逃す

## **business** 名詞

**(1) 商売，事業，取引，ビジネス**

形容詞＋business ： big（一大），wholesale（卸），catering（ケータリング），profitable（儲かる），the music/entertainment/computer（音楽 / 娯楽 / コンピューター），slow（ぱっとしない）

動詞＋business ： do/conduct（行う），go into（始める），set up/start up in（始める），stay in（続ける），go out of（やめる），do（取引がある），be booming（商売繁盛である）

business＋名詞 ： trip（出張），meeting（会議，仕事の打ち合わせ），deal（商取引），activities（活動），interests（利益），the ~ community/world（業界），card（名刺）

前置詞 ： on business（仕事で），be in business（(1) 営業中である

(2)《略式》準備ができている)

## (2) 会社，組織，商店，店

形容詞＋business：small（小売），software/catering/construction（ソフトウェア/ケータリング/建設），family（家族/同族経営の），import/export（輸入/輸出），successful（成功している），profitable（収益を上げている），thriving（繁盛している）

動詞＋business：have/own（もつ），run（経営する），start/set up（興す），take over（引き継ぐ），build（up）/develop（発展させる）

business＋名詞：succeed（うまくいく），collapse/fail（つぶれる）

### (1)(2) 以外の意味で使用されている business のフレーズ

**a funny/serious/dangerous, etc. business**　面白い/真剣な/危険なこと

**and all that business**　《会話》《略式》～とその類

**be back in business**　再び軌道に乗る，再び営業する

**be business as usual**　通常通りである

**be in the business**　(BrE)《略式》とっても良い

**business is business**　《会話》情けは禁物，商売は商売（売上が最も重要）

**do the business**　(BrE)《略式》(1) 期待通りのことをする　(2) セックスする

**funny business**　いんちき，違法活動

**get down to business**　本題に入る

**go about your business**　いつも通りに行う

**handle business/money/accounts**　切り盛りする

**have a (good) head for business**　商才がある

**have no business doing sth/have no business to do sth**　…する権利はない，…する筋合いではない

**It's none of your business./Mind your own business.**　《会話》(1)

あなたには関係ない，大きなお世話だ　(2)（Mind your own business のみ）人のことは気にしない

**It's the business of sb to do sth**　…は〜の責任である

**like nobody's business**　《会話》すばやく

**make it your business to do sth**　…のために一生懸命取り組む

**mean business**　《略式》真剣である

**mix company business with personal affairs**　公私混同する

**monkey business**　《略式》いんちき，素行が悪い

**not be in the business of doing sth**　…するつもりはない

**sb was (just) minding their own business**　《会話》自分たちのことで手が一杯である

**That's my business.**　これは私の問題で，あなたには関係のないことだ

**unfinished business**　やり残したこと

## car 名詞

**車，自動車，車両**

形容詞＋car ： used/second-hand（中古），hybrid（ハイブリッド），hydrogen（水素），rental（AmE）/hire（BrE）（レンタカー），police（警察），company（商用），fuel-efficient（燃費の良い），buffet/dining/sleeping, etc.（食堂/寝台）

動詞＋car ： go/travel by（行く/旅行する），get in/into（乗る），get out of（降りる），drive（運転する），take（乗って行く），park（停める），back/reverse（バックさせる）

car＋動詞 ： pass/overtake sb（〜を追い越す），drive off/away（走り去る），pull out（車道へゆっくりと出る），slow down（減速する），pull up（止まる），pull over（路肩に寄せる），break down（故障する），crush into/hit（衝突する），accelerate（加速する）

car＋名詞 ： crash（衝突事故），accident（事故），park（駐車場），door/engine/key（ドア/エンジン/鍵），delaer（販売業者）

前置詞 ： by car（車で），in a/the car（車で）

## care 名詞

**(1) 世話，介護，看護，医療**

形容詞＋care ： day（デイケア），health（健康管理，医療），intensive（集中治療），tender loving《会話》（心のこもった介護）[TLC ともいう]，daily（日々の手入れ），nurshing（介護），in-home（在宅），home visit（訪問）

$\boxed{\text{動詞+care}}$：deliver（提供する），receive（受ける），provide（介護する）

$\boxed{\text{care+名詞}}$：service（サービス），center（センター），provider（介護士）[a caregiver ともいう]，allowance（手当て）

$\boxed{\text{前置詞}}$：in sb's care（〜の世話になる），be under sb's care（〜に世話されている）

$\boxed{\text{フレーズ}}$

**care by the elderly for the elderly** 老老介護

**(in) care of sb** 〜方，気付

**long-term care insurance** 介護保険

**not care what anyone says** 誰がなんと言おうと[no matter what anyone says ともいう]

**nursing care level** 要介護

**take care** (1) 気をつける[take care that, take care (not) to, take care with のパタンで] (2)《会話》（別れ際に）またね！

**take care of sb/sth** (1) 〜の世話をする[(BrE) look after] (2) 〜の手入れをする (3) 〜を担当する (4)《略式》（一人の人が）勘定を持つ

$\boxed{\text{コラム}}$

### イディオムも変化する

これまでの研究は，イディオムは固定化されたフレーズのため，形態的に不変と言われてきました．しかし，意味的に類似したイディオム take care of, care for, care about の混交により，新しいイディオム care of, take care for, take care about ができました．この形態的な変化により，新しいイディオムは独自の意味を持っています．

**care of sth** (care of+人) 人の面倒を見る，人を気にかける，

好き

**take care for sth**　(1)（take care for＋人）人の面倒を見る
(2)（take care for＋事）事に対して責任がある

**take care about sth**　(1)（take care about＋人）人の面倒を見
る　(2)（take care about＋事）事を気にかける

　　☞ ストレスは，cáre of, take cáre for, take cáre about と
なります．このような言語現象より，「イディオムは変化し
ない」という概念に，「不変と考えられてきたイディオムも
変化する」ということがわかります．

## (2)　注意，関心

形容詞＋care：great（十分な），special/extra（特別な），reason-
able/due（法律の文脈で，相応の）

動詞＋care：exercise《形式》（払う）

前置詞：handle with care（注意して扱う），without a care（脳天気
に）

### フレーズ

**not have a care in the world**　全く心配していない，悩みがない

**sb with the cares of the world on sb's shoulders**　心配事がたく
さんある

**take care over/with sth**　…に念入りに注意を払う

## ▌　care　動詞

### 気にかける，関心がある，好む

副詞：deeply（深く関心がある），hardly（ほとんど関心がない）

前置詞：care about（～を気にかける），care for（～が好き）

文法形式：care what/how/whether

C

フレーズ

**any person/thing you care to name/mention**　あなたが名前をあ
　げるどんな人/物でも

**be past caring**　（BrE）《略式》もう関心がない

**for all sb cares**　《会話》全く構わない，〜の知ったことではない

**more sth than sb care to remember/admit/mention**　思い出した
　くない/認めたくない/言いたくないほどの…

**neither know nor care**　全く気に留めない

**not care either way/one way or another**　どちらでも構わない

**not care to do sth**　《形式》…したくない

**perhaps sb would care to do sth/would sb care to do?**　《会話》
　（いらだちを込めて）…してください

**sb couldn't care less about**　(1) 眼中にない　(2)（couldn't care
　less, as is sb care, What does sb care? で）痛くも痒くもない,
　気にしない

**see if I care!**　《会話》好きにしろ，勝手にしろ

**Who cares?**　《会話》知るか，構うもんか

**Would you care to do/for ...?**　《会話》…していただけますか？

句動詞

**care for**　(1) 〜の世話をする [take care of, (BrE) look after とも
　いう]　(2) 〜の手入れをする　(3) Would you care for ...?《会
　話》…していただけますか？　(4) 〜が好き

**care of**　(1)（人の）の世話をする，(2) 〜が好き [take care of と
　care for の混交]

　　☞ care of は，care を含んだ意味的に類似しているフレーズ
　　take care of, care for, take care が混交してできた新しいフレー
　　ズです．　→ 29 ページのコラム参照

## case 名詞

### (1) 例，事例，状況

形容詞＋case ： classic/typical（典型的な），simple（単純な），obvious（明らかな）

前置詞 ： in some/many/most, etc. cases（いくつかの/多くの/ほとんどの例では），a case of …（…の事例）

フレーズ

**a case in a point**　うってつけの例

**a case of publicicty seeking**　売名行為

**a hopeless case**　どうしようもないやつ，救い難い人

**as is the case (for/with ...)**　…と同様に

**as the case may be**　場合により

**be on sb's case**　《会話》《略式》終始小言を言う

**be on the case**　《会話》担当する

**be the case**　事実である

**get off sb's case**　《会話》《命令形で》ほっといてくれ！，つべこべ言うな！

**if that's the case**　もしそうならば，もしその場合は

**in any case**　何はともあれ

**in either case**　どっちに転んでも

**in sb's case**　…の場合

**in the case of sth**　…について言えば

**in that case**　そういうことなら

**in which case**　その場合は

**it is the case that ...**　…は事実である

**it's a case of ...**　実は…である

**(just) in case**　(1) 念のため　(2)（AmE）もし

**on a case-by-case basis**　個々の事例に応じて

### (2)　事件

$\boxed{\text{形容詞} + \text{case}}$：murder（殺人），libel（名誉毀損），criminal（犯罪），court（裁判沙汰），cold/unsoloved（迷宮入りの）

$\boxed{\text{動詞} + \text{case}}$：investigate（調査する），work on（解決する），close/drop（打ち切る）

$\boxed{\text{前置詞}}$：be on the case（事件を担当している）

### (3)　訴訟

$\boxed{\text{形容詞} + \text{case}}$：civil（民事），landmark（画期的な），high-profile（注目を集めている）

$\boxed{\text{動詞} + \text{case}}$：bring（起こす），hear/try（審理する），win/lose（勝つ/負ける），settle（和解で解決する），adjourn（延期する），dismiss/throw out（却下する），drop（取り下げる）

$\boxed{\text{case} + \text{動詞}}$：come/go to trial/come before a judge/court（審理される）

$\boxed{\text{前置詞}}$：a case against …（…に対する訴訟）

$\boxed{\text{フレーズ}}$

**have a case**　告訴する，立件する

## cause　名詞

### (1)　原因，要因

$\boxed{\text{形容詞} + \text{cause}}$：common 〜 of …（…の一般的な），primary/main 〜 of …（…の一番の），major/leading 〜 of …（…の主な），direct/indirect（直接的/間接的），root/fundamental/underlying（根本的），probable/likely（あり得る）

$\boxed{\text{動詞} + \text{cause}}$：discover/find the（見つける），determine/establish/

identify the（特定する）, investigate the（調べる）

フレーズ

**cause and effect**　原因と結果

**die of/from natural causes**　自然要因で死ぬ

**the cause of death**　死因

## (2)　根拠, 理由, 目的, 大義

形容詞＋cause ： good（良い）, worthy（有意義な）

前置詞 ： with/without a good cause（正当な理由で/なしに）

フレーズ

**champion a cause**　主義主張を強く擁護する

**give cause for concern**　心配の種を与える

**have/make common cause (with/against sb)**　《形式》(反対勢力
　に対して) 一致団結する, 協力する

**have (good) cause to do sth**　…する（立派な）理由がある

**in a good cause**　人助けのために

**there is no cause for alarm**　心配いらない

## chance 名詞

### (1)　可能性, 見込み

形容詞＋chance ： good（大きな）, every（あらゆる）, some（いく
　らかの）, small/slight/slim（わずかな）, no/little/not much（可能
　性がない/ほとんど可能性がない）, a one in ten（10 に 1 つの）, fair/
　sporting（かなりの）, fifty-fifty（五分五分の）, outside/remote（わ
　ずかな）, million-to-one/one in a million/one-in-a-million（100 万
　に 1 つの）

動詞＋chance ： have/stand（ある）[not stand a chance で使用され
　る傾向にある], give sb ~ of doing sth（〜に…の可能性を伝える）,

increase the ~ of … (…の可能性を大きくする), improve the ~ of sth (…の可能性を大きくする), reduce/lessen the ~ of … (…の可能性を小さくする，弱める), ruin any (可能性をなくす)

フレーズ

**any chance of …?** 《会話》…してもらえますか？，…をもらえますか？

**be in with a chance** (BrE)《略式》見込みがある

**by any chance** 《会話》ひょっとして

**chance would be a fine thing** (BrE)《会話》そんなことがあればいいのだけど，ありえないね

**have a good chance of winning** 勝算がある

**no chance!/fat chance!** 《会話》ありえない！，絶対ダメ！

**not fancy/not rate sb's chance** ～の成功する見込みはない

**on the off chance** 万が一に備えて，わずかの希望を抱いて

**sb's chance** ～が成功する見込み

**sb's chance of doing sth** ～の…する見込み

**take a chance (on …)** (…について) 危険を冒す，運試しする

**(the) chance are …** 《会話》おそらく…だろう

### (2) 機会，チャンス

形容詞＋chance： second (二度目の), another (別の), last (最後の), million-to-one/one in a million/one-in-a-million (千載一遇の)

動詞＋chance： get/have (得る), give/offer/provide (与える), blow (sb's)《略式》(無駄にする，自滅する), jump at/seize/grab (飛びつく), take (捉える), miss/lose (逃す/失う), throw away/pass up/turn down (逃す), welcome (歓迎する), deserve (与えられるに値する)

フレーズ

**every chance sb get(s)** ことあるごとに

**given the chance/given half a chance** もし機会があれば/もし少しでも機会があれば

**now's your chance** 《会話》まさに今がチャンスだ

**the chance of a lifetime** 一生に一度のチャンス

**the (right) chance/time comes** 機が熟す

(1) (2) 以外の意味で使用されている chance のフレーズ

**a chance resemblance** 他人の空似

**a game of chance** 運が左右するゲーム

**by chance** 偶然に，たまたま

**by mere chance** 行きがかりで

**if by chance** 万一

**leave everything to chance** 成り行きに任せる

**never take a chance** 絶対に危ないことはしない，石橋を叩いて渡る [look before sb leaps ともいう]

**Not a chance!** まっぴらだ！[No way., Forget it ともいう]

**pure/sheer chance** ほんの偶然

**sb's chance** ～の出番 [売り込む際に使う]

**sb's one and only chance** 一発勝負に出る [go for broke, do or die ともいう]

**when you get/have a chance** 暇があれば

---

## │ change 名詞

### (1) 変化，変動，変更

形容詞＋change：big/major（大きな），slight/small/minor（わずかな），gradual（緩やかな），dramatic/drastic（劇的な），significant

（大きな），marked（著しい），fundamental（根本的な），social/po-litical（社会的/政治的），sweeping（劇的），far-reaching（広範囲に渡る，将来にまで及ぶ）

[動詞＋change]：make（変更する），introduce（導く），bring（about）/effect《形式》（もたらす），see/notice/observe（気づく），undergo（経る），signal（知らせる），implement/initiate（実行する/もたらす）

[前置詞]：for a change（of pace）（気分転換に，気晴らしに）

**フレーズ**

**a change for the better/worse**　より良い変化/悪化

**a change of clothes/socks/underwear, etc.**　着替え

**a change of direction/course**　(1) 方向転換　(2) 風向きの変化

**a change of heart**　気持ちの変化

**a change of scene/scenery/air**　気分転換

**It's time for a change of generations.**　新旧交代/世代交代の時期である.

**sea change**　大きな/重要な変化

**the change of life**　更年期［婉曲的な表現で，現在は menopause というのが普通］

## (2)　お釣り

[形容詞＋change]：small（小銭，少額の），loose/spare（小銭）

[動詞＋change]：keep（取っておく），make（AmE）（あげる），spare-change（物乞いをする）

[前置詞]：change for ~（~へくずす），in change（お釣りで）

**(1)(2) 以外の意味で使用されている change のフレーズ**

**get no change out of sb**　（BrE）《会話》~から有益な情報を聞き出せない

**ring the changes**　（BrE）やり方をいろいろ変える

## change 動詞

### 変化する，変わる

副詞 ： drastically/considerably/dramatically （劇的に），completely （すっかり），fundamentally/radically （根本的に）

前置詞 ： change from A to B （A から B に変わる），change A into/ for B （A （お金を） B （小銭など） にくずす，両替する）

#### フレーズ

**all change!** （電車などの乗り物で）(BrE)《会話》乗客の皆さん，お乗り換えください！

**change and change again** 二転三転する

**change ends** （テニスなどのスポーツで）コートを変える

**change for the better/worse** 良くなる/悪くなる

**change hands** (1) 持ち主が変わる (2) （不正な方法でお金を）譲渡する

**change (into/out of) gear** （運転中に）ギアチェンジをする，やり方を変える

**change places (with sb)** 入れ替わる，席を交代する

**change sides** （政党，組織などを）鞍替えする

**change your mind** 考え，決心，計画などが変わる

**change your spot** 性格を変える

**change your tune** 《略式》態度，調子，見解を変える

**chop and change** (BrE)《略式》ころころ変わる

**get changed** 着替える

#### 句動詞

**change around/round** （他動詞）(BrE) 〜を移動させる

**change back** （自動詞）(1)（＋to）元に戻る (2)（＋into）（前に来ていた服に）着替え直す

**change down** （BrE）低速ギアで運転する

**change into** （他動詞）〜に変わる

**change over** （自動詞）（＋to）切り替わる，移行する

**change up** （BrE）高速ギアで運転する

## ▌ character 名詞

**(1) 性格，特質，個性**

形容詞＋character ： generous（寛大な），gentle（穏やかな），agreeable（人好きする），the English/French（イギリス人/フランス人），true（本性）

動詞＋character ： shape（形成する），hide（隠す）

character＋名詞 ： traits（特性），flaws（欠点）

前置詞 ： in（sb's）character（（人の）性格にあって），out of character（柄にもない）

**(2) 役，登場人物**

形容詞＋character ： main/centra/leading（主役），minor（端役），television/movie/cartoon（テレビ/映画/マンガの），comic/tragic（面白い/悲しい），fictional/ficititious（架空の），symathetic（共感できる）

動詞＋character ： play（演じる），portray（描く，演じる）

character＋名詞 ： actor（性格俳優）

（ (1)(2) 以外の意味で使用されている character のフレーズ ）

**character assassination** 中傷，名誉毀損

**character building** 人格形成

**character reference** 良い内容を書いた推薦状

**character witnesses** 証人に適した人

**have a strong character underneath** 芯が強い

## ▎ **child** 名詞

**子供，児童**

形容詞＋child ： young／small （幼児），unborn （胎児），spoilt／
spoilted （甘やかされた），gifted （英才児），good／bad （行儀の良い／
悪い），naughty （いたずらっ子，やんちゃな子），problem （問題児），
street （ストリートチルドレン），precocious （ませた）

動詞＋child ： bring up （BrE）／raise （AmE）（育てる），give birth to
（産む），have （いる，親になる），adopt （養子にする），indulge （甘
やかす），foster （実子ではない子供を育てる）

child＋動詞 ： be born （生まれる），grow up （成長する）

child＋名詞 ： abuse （虐待），development （発達），labor／labour
（BrE）（労働），molester （性的虐待者），custody （養育権），support
（養育費）

( フレーズ )

**a child-hater**  子供嫌い

**a child of the age**  時代の申し子

**a child slow to develop**  発達の遅い子

**a children's story**  ［a fairy tale ともいう］おとぎ話

**a precocious child／a child (too) advanced for their age**  ませた
子  → age (1) を参照

**act like a child**  大人気ない振る舞いをする

**children should be seen and not be heard.**  子供はいてもいいが，
声を出してはいけない．

**dote on sb's child／children**  子煩悩である

**Keep out of children's reach**  子供の手の届かない場所にしまって
ください［薬などの箱に記載されているフレーズ］

**sth is child's play**  …は朝飯前だ

## ▌ choice 名詞

**選択，選択肢**

形容詞＋choice ： right/wrong （正しい/間違った），difficult （難しい），stark （厳しい），free （自由な），informed （熟考した上での），consumer （消費者の），parental （親の），wide （幅広い），good （良い），first/second （第一の/第二の）

動詞＋choice ： have （ある），make （選択する），be face with （直面する），exercise《形式》（行う）

前置詞 ： by choice （自分の意思で），of your choice （お好みで），choice between ~ （～間での選択）

フレーズ

**be spoilt for choice** よりどりみどりで贅沢な気分を味わう

**freedom of choice** 選択の自由

**given the choice** 選択できるなら

**have a completely free choice** よりどりみどり

**have no/little but to do sth** やむを得ず…する

**have no other choice** 背に腹はかえられない，他に選択の余地はない

**Hobson's choice** 選り好みできない選択

**It's your choice./The choice is yours.** あなた次第です.

**leave sb (with) no choice** ～には選択の余地がない

**the sth of choice** …が好んで使用される

**through no choice of sb's own** 仕方なく，否応なしに

## circumstance 名詞

**状況，事情**

形容詞＋circumstance ： exceptional/special（特段の），normal（通常の），particular（特定の），difficult（困難な），suspicious（怪しい），mysterious（不可解な），unusual/unforseen（不足の），extenuating/mitigation（情状酌量の余地）

フレーズ

**a set/combination of circumstances**  一連の状況

**a victim of circumstance**  （どうにもできない）状況の犠牲者

**by force of circumstance(s)**  行きがかり上

**due to circumstances beyond sb's control/due to unforeseen circumstances**  予測できない状況で

**if by some unforeseen circumstance(s)**  万一

**no matter what the circumstances**  状況はどうであれ

**the circumstances surrounding sth**  …を取り巻く状況

**under/given/in the light of the circumstances**  （in the circumstances（BrE））状況が状況だから

**under/in the circumstance**  そういう事情で

**under no circumstance**  （in no circumstances（BrE））どんなことがあっても，間違っても［under no circumstance が文頭に来た場合は，主語と動詞の倒置が起きる．not/never … under circumstances ともいう．この場合は倒置は起きない．］

## city 名詞

**都市，都会**

形容詞＋city ： big/large（大），major（主要），capital（首都），sb's

home/native（ふるさと）, cosmopolitan（国際）, industrial（工業）, ancient（古代）, historic（歴史的）

city＋名詞：centre（BrE）/center（AmE）（中心部）, limits（AmE）（境）, life（生活）, dweller（生活者）

フレーズ

**the edge of a city**　町外れ
**the heart of a city**　市の心臓部
**the outskirts of a city**　市の郊外

## class　名詞

### (1)　クラス，授業，教室

形容詞＋class：evening（夜間）, beginning/elementary（初級）, intermediate（中級）, advanced（上級）, math/science（数学/理科の）

動詞＋class：go to/attend（出る）, take（受講する）, teach/hold（担当する）, miss（欠席する）, be late for（遅刻をする）, have（AmE）（ある）, enroll（in）/sign up for（登録する）, skip/cut/ditch（サボる）

前置詞：in class（授業で）, the class of ...（...年卒のクラス）

### (2)　階級，階層

形容詞＋class：social（社会）, working/lower（労働者/下層）, middle（中産）, upper（上流）, ruling（支配）, professional（知的職業）, landowning/landed（地主）, educated（知識）, privileged（特権）, chattering（BrE）（口うるさい）［ジャーナリスト，批評家などを指し，けなした言い方］

動詞＋class：belong to（属している）, be a member of a class（一員である）

class＋名詞：system/structure（制度/構造）, division（区分），

difference（格差）, struggle/war（闘争）

フレーズ

**a class reunion**　同窓会

**be in a class apart**　他とは全く別レベルに属する，右に出る者はいない

**be in a class by oneself**　比類がない，別格だ

**be in a class of your/its own**　優れている

**be in (completely) different class (from ...)**　（... と）格が違う，段違いである

**Class A/B/C**　最上級の A/中くらいの B/最下位の C

**not be in the same class (as ...)**　（... とは）比べものにならない

## | **cold** 名詞

### (1) 風邪

形容詞 + cold ： bad/nasty/heavy (BrE)（ひどい）, streaming (BrE)（鼻水が出る）, slight（軽い）, slight（軽い）, chest（咳）, head（鼻と頭にくる）

動詞 + cold ： have (got)（ひく）, be getting（引き始め）, catch（ひく）, come down with (go down with (BrE))（ひく）, be suffering from（苦しむ）

フレーズ

**be getting over a cold**　風邪が治りかけている

**you'll catch your death of cold.**　(BrE) 病気になるよ

### (2) 寒さ，冷気

形容詞 + cold ： bitter（身をきる）, freezing（凍えるほどの）

動詞 + cold ： keep the cold out of（遮断する）, feel（感じる）, be blue with（青くなる）

前置詞 ： against the cold（寒さを防ぐために）

#### (1) (2) 以外の意味で使用されている cold のフレーズ

**come in from the cold**　仲間として受け入れられる，認められる
**leave sb out in the cold**　《略式》〜を仲間外れにする

C

### ┃ cold 形容詞

**寒い，冷たい**

形容詞＋cold ： ice（氷のように），freezing（凍えるほど）

副詞＋cold ： bitterly/freezing（ひどく）

動詞＋cold ： feel（感じる），go/get（寒くなる），turn/grow（どんどん寒くなる）

フレーズ

**a cold-blooded beast**　人でなし［a cold-hearted person ともいうが，こちらの方が優しい言い方］

**a cold case**　→ case 名詞 (2) を参照

**as cold as ice**　とても寒い

**be cold toward on another**　隙間風が吹く

**be getting cold/colder**　正解から遠くなっている［反意表現は be getting warm/warmer］

**blow hot and cold**（意見，考えなどが）コロコロ変わる

**break into a cold sweat**　冷や汗をかく

**cold-blooded**　血も涙もない

**cold comfort**　役に立たない慰め

**cold fact**　ありのままの事実

**cold fish**　無感情な人

**cold (hard) cash**　(AmE) 現金

**cold steel**（ナイフや剣などの）武器

**get/have cold feet**  《略式》怖気づく [lose sb's nerve, chicken out
ともいう]

**get the cold shoulder**  すげなく断られる

**give sb the cold shoulder**  《略式》～によそよそしい，～に冷たく
する

**go in cold**  ぶっつけ本番でやる [do unprepared ともいう]

**in cold blood**  → blood のフレーズ参照

**in the cold light of day**  冷静に考えてみると

**leave sb cold**  ～に何の興味も与えない，感心しない

**pour cold water on/over ...**  ...に冷や水を浴びせる

**put sb out in the cold**  干す [受け身でも使用される]

**sb's trail/scent is/has gone cold**  見つけられない，手がかりがな
い

**take/need a cold shower**  目を覚ます，現実に気づく

**throw cold water on**  水をさす

## community  名詞

**地域共同体，地域社会，共同体**

形容詞＋community： close-knit/tightly-knit（結びつきの強い），
ethnic（少数民族），gated（治安のために塀で囲まれた住宅地，ゲー
ティッドコミュニティ），business/academic/science（ビジネス界/
学界/科学界）

community＋名詞： relations（関係），affair（問題），needs（必要
性），group（グループ），leader（リーダー），spirit（共同体意識），
service（地域奉仕），centre (BrE)/center (AmE)（コミュニティセン
ター），college（コミュニティカレッジ），policing（地域警備）

フレーズ

**sense of community** 帰属意識

**the international community** 国際社会

C

## company 名詞

### (1) 企業，会社

形容詞 + company ： large/big（大）, small（小）, state-owned（国有）, public（公営）, private（民間）, limited（有限）, subsidiary（子）, parent（親）, computer/oil/manufacturing, etc.（コンピューター/石油/製造）, multinational（多国籍）

動詞 + company ： work for（勤務する）, join（入社する）, run/manage（経営する）, set up/start/form（設立する，始める）, found/establish（設立する）, take over（引き継ぐ）, leave（辞める）

company + 動詞 ： grow/expand（成長する）, go bankrupt/go out of business/fail/go bust《略式》（倒産する）

company + 名詞 ： policy（方針）, director/executive（取締役/経営幹部，重役）, car（社用車）

フレーズ

**a company person** 会社人間［an organization person ともいう］

**a company's style** 社風

**fit in with the company** 社風に合う

### (2) 仲間，友人

形容詞 + company ： good（仲の良い）, bad（仲の悪い）, mixed（いろんな人がいる仲間）

動詞 + company ： enjoy（仲良くする）, keep（付き合う）

フレーズ

**be in good company** 同じである，同じ仲間がいる

**in company** 人前で

**in company with** 《形式》～と一緒に，同じく

**join company with** 《形式》参加する

**keep company with sb** ～と一緒に過ごす

**keep sb company** ～の相手をする

**part company** (1) 関係を断つ (2) 袂を分つ，別々の道を歩む
(3) 反対する

**present company excepted** 《会話》ここにいる人は別ですが

**sb and company** 《略式》～一行

**the company sb keep(s)** ～と一緒にいる仲間，友人

**two's company, three's crowd** 二人ならいいけど，三人なら仲間
割れ

## ▌ **computer** 名詞

### コンピューター，電子計算機

形容詞＋computer ： wearable/laptop（可搬型），personal（パーソ
ナル），tablet（タブレット型），desktop（デスクトップ型）

動詞＋computer ： use（使う），log on/off（ログオン/ログオフす
る），switch ~ on/off（電源を入れる/切る），start up/boot up（起動
する），shut down（シャットダウンする），restart/reboot（再起動す
る），hold/store sth on（…を保存する），program（プログラムする）

computer＋動詞 ： start up/boot up（起動する），crash（動かなくな
る），be down（作動しない），sth run on（…が作動する）

computer＋名詞 ： system（システム），screen/monitor（画面），
keyboard（キーボード），network（ネットワーク），program（プロ
グラム），software（ソフトウェア），hardware（ハードウェア），
equipment（装置），game（ゲーム），technology（技術），science
（サイエンス），user（使用者），programmer（プログラマー），

virus（ウィルス），geek/nerd（おたく），lab（室）

前置詞：on computer（コンピューターに），by computer（コンピューターで）

## ▌ **control** 名詞

C

**支配，管理，統制，制御，コントロール**

形容詞＋control：full（完全），absolute（絶対的），direct（直接），civillian（文民），military（軍による），parental（親による）

動詞＋control：have ～ of/over …（…を支配する），take ～ of …（…の支配権をとる），lose ～ of …（…の支配を失う，…を制御できなくなる），keep/have … under ～（…を統制/制御する），spin out of（制御不能になる），gain（支配する），regain（再び取り戻す）

前置詞：under control（支配下，収まって，鎮って），outside sb's control（～の支配が及ばない），in control（支配して），out of control（手がつけられない）

フレーズ

**be at the controls**　操縦席にいる

**be compelled by forces beyond sb's control**　やむにやまれず

**be out of control**　タガが外れる［lose all restraints ともいう］

**have complete control over/be in complete control over/of**　取りしきる

**lose control of oneself**　我を忘れる

## ▌ **country** 名詞

**国，国家，国民**

形容詞＋country：foreign（外国），mother（母国），democratic（民

主主義), capitalist（資本主義）, communist（共産主義）, sb's home/native（〜の祖国）, neighbouring (BrE)/neighboring (AmE)（近隣）, developing/Third World（発展途上，第三世界の）, developed（先進）, underdeveloped（低開発）, industrialized（先進工業）, advanced（先進）, Christian/Muslim, etc.（キリスト教/イスラム教）, sb's adopted（〜の帰化した）, independent（独立）, member（加盟）, non-member（非加盟）, host（主催）, neutral（中立）

動詞 + country ： run/govern（動かす）, rule（統治する）, flee（捨てる）, serve sb's（〜の国に奉仕する，尽くす）, lead（導く）, represent sb's（〜の国を代表する）, betray sb's（〜の国を裏切る）

前置詞 ： across/a the country（国全体に）, all over a/the country（国中で）, in a/the country（国に）, throughout a/the country（国のいたるところで）

フレーズ

**a country person**　田舎者 [a person from the country, country folk ともいう]

**country cooking**　田舎料理

**go to the country**　(BrE)（国民の意見を問うために）総選挙を行う

**just sit around in the country**　田舎でくすぶる

**sb's/sth's country of origin**　〜の本国，原産国

## course　名詞

### 科目，コース，講座，課程

形容詞 + course ： elemenary（初級）, intermediate（中級）, advanced（上級）, elective（選択）, required（必修）, intensitve（集中）, introductory（入門）, refresher（補習）, training/vocational（職業訓練）, correspondence（通信）, crash《略式》（短期集中），

sandwich（BrE）(サンドウィッチコース，理論と実践が交互に行われ
る教育)，full-time（全日制)，part-time（通信制）

| 動詞＋course |：take（AmE)/do（BrE)（とる)，go on（BrE)（受講
する)，pass/fail（合格する/単位を落とす)，apply for（応募する)，
enrol on/put your name down for（BrE)（履修登録をする)，attend
《形式》(出席する)，withdraw from/drop out of（履修を辞める)，
teach（教える)，run（提供する）

| course＋名詞 |：tutor（BrE)（指導教員)，material（教材)，syllabus
（講義要綱）

| 前置詞 |：a course on/in …（…についての科目）

| フレーズ |

**as a matter of course**　当然のことながら

**be on course for sth**　…しそうである

**be par for the course**　当たり前のことである，よくあることである

**change course**　進路を変更する

**during/in/throughout/over the course of sth**　…のうちに，間に

**first/main course**　最初の/メインの一品

**in due course**　そのうちに，やがて

**in the course of doing sth**　…する最中で

**in (the) course of time**　やがて

**in the normal/natural/ordinal course of events**　自然の/通常の
成り行きで

**of course**　(1)《会話》もちろん　(2) 当然　(3)（何かを思い出した
際に）そうそう

**on a collision course**　(1)（意見対立などで）衝突必至である　(2)
衝突進路

**on/off course**　正しい進路に/正しい進路から外れて

**run sth's course**　頭打ちになる

**stay the course**　最後までやり抜く

**take/run its course**　成り行きに任せる

**the best/safest course is to do sth**　最も良い/安全な手段は...することです

**the course of action**　一連の行動，活動方針

**the course of events**　事の成り行き，趨勢

**the course of history**　歴史の推移，変遷

**three/four etc.-course meal**　3品/4品などの料理

## court　名詞

### (1) 裁判，裁判所，法廷，訴訟

形容詞＋court：criminal（刑事），civil（民事），Crown（BrE）（刑事），High（高等），appeals（控訴），the Supreme（最高），federal（連邦），county（州/郡），juvenile（少年），kangaroo（私的）

動詞＋court：go to（起こす），take sb to（訴える），bring sb/sth to/before（...を裁判に持ち込む），appear in（出廷する），settle sth out of（...を示談にする），adjourn（一時中断する），a case comes to/before（審理が始まる）

court＋動詞：have a case（事件を審理する），rule（判決を下す），order ...（...を命じる），clear/acquit sb（～を無罪とする），convict sb（～を有罪とする），uphold ...（...を支持する），quash/overturn ...（...を覆す），dismiss/throw out ...（...をしりぞける）

court＋名詞：case（事件），order（命令），ruling（決定），action（訴訟），proceedings（手続き），summons（出頭命令）

フレーズ

**a court of law**　裁判所

**an out-of-court settlement**　示談

**contempt of court** 法廷侮辱罪

## (2) (テニスなどの) コート

形容詞＋court ： squash （スカッシュの）, clay （土の）, grass （芝生の）, hard （ハード）

前置詞 ： on (the) court （コートで）

### (1) (2) 以外の意味で使用されている court のフレーズ

**be laughed out of court** 一笑にふされる

**hold court** 《形式》（＋to）（注目を集めるために）おもしろおかしく話す

**The ball is in your court.** おはちが回ってきた，あなたの番です

## damage　名詞

**被害，損害，悪影響**

形容詞＋damage：serious/severe（深刻な），extensive/widespread（広範囲にわたる），permanent/irreparable/irreversible（回復不能の），minor（軽い），physical（身体的），structural（構造的），permanent（永続的），significant/untold（甚大な），environmental（環境への），brain/liver, etc.（脳の/肝臓の），criminal（器物損壊罪），accidental（偶発的），collateral（付帯的）

動詞＋damage：do/cause（もたらす），suffer/sustain（受ける），repair（修復する），prevent/avoid（予防する/避ける）

damage＋名詞：limitation/control（対策）

フレーズ

**The damage is done.**　後の祭りだ．

**What's the damage?**　《会話》おいくらですか？

## damage　動詞

**損害を与える，傷つける，悪影響を与える**

副詞：badly/severly/seriously/extensive（ひどい），irreparably/permanently（回復できないほどの）

## ▌　**date**　名詞

### (1)　日付，年月日，日

形容詞＋date ： today's（今日の），exact/precise（特定の），agreed
(BrE)/agreed upon (AmE)（合意した），closing（締切），due（期
日，締切日），delivery（配達），publication（刊行）[the date of
publication ともいう]，departure（出発）[the date of departure と
もいう]，arrival（到着）[the date of arrival ともいう]，expiry
(BrE)/expiration (AmE)（賞味，有効期限），sell-by (BrE)（販売），
sb's birth（生年月日）[sb's date of birth ともいう]

動詞＋date ： decide on（選ぶ），set/fix（決める），put ~ on sth
（…の日付を記入する）

**┌ フレーズ ┐**

**at an earlier date**　もっとも早い段階で

**at a later/future date**　後日

**make a date (with sb)**　（～と）会う段取りをつける

**out-of-date**　時代遅れの

**to date**　《形式》今日まで

**up-to-date**　最新（式）の

### (2)　デート，デートの相手

形容詞＋date ： blind（ブラインド，面識のない 2 人が会うデート），
dinner/lunch（ディナー/ランチ），first（初めての）

動詞＋date ： go out on/have（する），break ~ with …（…とのデー
トをすっぽかす）[stand sb up の方が普通の言い方]

date＋名詞 ： rape（レイプ）

前置詞 ： date with …（…とのデート），on a date（デート中に）

## | **deal** 名詞

### 取引，協定，契約

形容詞＋deal ： good（良い，儲け話），peace（和平），financial（金融），political（政治的），one-year, etc（1年），business（商），pay（賃金），arms/weapons（武器），record（レコード），shady（不法），exclusive（独占），compromise（妥協案），secret/behind-the-scenes/backroom（裏）

動詞＋deal ： do/make《略式》（取引する），reach/strike（応じる），sign（契約に署名する），negotiate（まとめる），close/conclude《形式》（締結する），clinch（有利な方に商談をまとめる），cut《略式》（結ぶ，好ましくない契約の場合に使用する），have《略式》（合意する），break out of/pull out of（手をひく）

deal＋動詞 ： go through/ahead（予想通りにいく），fall through（うまくいかない）

前置詞 ： deal with ...（...との取引），deal between ...（...間の協定）

### フレーズ

**a done deal** 《略式》すでに決まったこと

**a good/better/fair deal (for sb)** （...に対しての）良い/公平な扱い

**a good/great deal** 大量，たくさん

**a good/great deal of sth** 大量の...

**big deal** 《会話》大したこと，大した人［本当はそう思っていない際にも用いられる］

**get a good deal (on sth)** （...を）お買い得価格で手にいれる

**get a rough/raw deal** 不当な扱いを受ける

**give sb a good deal** 勉強する，値切る［give sb a discount ともいう］

**It's a deal.** 《会話》それで決まりだ.

**make a big deal out of/of/about …** …を大げさに騒ぎ立てる

**the real deal**（人の才能・能力，作品などが）一級品である．本物である

**What's the deal?**（AmE）《会話》何があったの？

D

## ┃ deal 動詞

配る，取引をする

フレーズ

**deal a (heavy/severe/serious, etc.) blow (to sb/sth)** （1）（…に対して）（大きな/深刻な）打撃を与える　（2）（人・物を）殴る

句動詞

**deal in** （他動詞）（1）（商店が）…を取り扱う　（2）…に興味がある　（3）（AmE）《会話》…（人を）仲間に入れる

**deal out** （他動詞）（1）…を配る　（2）《略式》…（人に）罰を与える

**deal with** （他動詞）（1）…（問題，人など）に対応する [**sth is the best dealt with**（…は最も効率的な対処である）の表現で使用されることがある．…には，complaint, cirisis, emergency, issue, matter, problem, question, situation などがくる] [**be hard to deal with**（煮ても焼いても食えない，扱いにくい相手，一筋縄ではいかない）]　（2）[cope with ともいう]…（悲しみなどに）対処する [… には anxiety, emotion, feeling, grief, pain, pressure, stress などがくる]

## ┃ decision 名詞

決定，決心，決意

形容詞＋decision ：big （一大），important （重要な），major （重大

な），difficult/hard/tough（難しい），good（英断），bad（誤った），wrong（間違った），conscious/deliberate（意識的/故意の），clear/firm（確固たる），final（最終），snap（素早い），controversial（物議を醸す），hasty（性急な），joint（合同），informed（十分な情報に基づく），momentous（重大な），strategic（戦略的），unanimous（満場一致の），courageous（勇断）

[動詞＋decision]：make/take（BrE）（決定する），reach/come to/arrive at（決定する），regret（後悔する），reconsider（再考する），reverse（変える），overrule/overturn（くつがえす），postpone（延期する）

[前置詞]：decision on/about ...（...についての決定），decision as to which/whether/who（...についての決定）

[フレーズ]

**decision-making** 意思決定

## demand 名詞

**(1) 要求，請求**

[形容詞＋demand]：reasonable（正当な），non-negotiable（交渉の余地のない），salary/wage（BrE）（賃上げ）

[動詞＋demand]：meet/satisfy（満たす），give in to/yield to（屈する）

[前置詞]：on demand（要求があれば，お好みに応じて），demand for ...（...への要求）

[フレーズ]

**make demands on ...** ...に大きな要求，負担をかける

**(2) 需要**

[形容詞＋demand]：high（高），low（低），popular（人気のある），

great/huge（とても大きな），increasing/growing（高まりつつある），consumer（消費者の）

動詞＋demand : meet/satisfy（応じる），keep up with/keep pace with（満たす），cope with（応じる），increase/boost（増やす），reduce（減らす）

demand＋動詞 : rise/increase（高まる），fall（減速する）

前置詞 : be very much in demand/be in great demand（引く手あまた，需要が多い）

D

フレーズ

**a lack of demand** 需要不足

**a surge in demand** 需要の急増

**supply and demand** 需要と供給

**supply outstrips/exceeds demand** 供給が需要を上回る

## difference 名詞

**違い，相違，差異**

形容詞＋difference : big（大きな），major/huge/great（とても大きな），significant（著しい），marked（顕著な），crucial（決定的な），slight/small/minor/subtle（わずかな），essential/fundament（本質的/根本的な），cultural（文化的），political（政治的），class（階級差），regional（地域差），sex/gender（性差），individual（個人差），a world of（大きな差）

動詞＋difference : show（示す），know（知っている），can tell/see the（わかる），notice/spot（気づく）

前置詞 : the difference between ...（...間の違い），difference in ...（...の違い）

フレーズ

**a difference in the degree of commitment (to...)** （...への）温度差

**difference of opinion** 見解の不一致

**make a/the difference** （1）（＋to）（...に）影響を与える　（2）違いをもたらす［make a big/a great deal/a lot of difference（大きく異なる），make all the difference（大きく異なる）表現で使用する］

**It makes no/little difference to sb.** ...にとってはたいしたことではない

**sb's difference** 仲違い，不一致

**settle/resolve sb's differences** 仲直りする

**split the difference** 差額を均等に分ける

**with a difference** 《略式》他とは違う，一味違った

---

## difficulty　名詞

**困難，難しさ**

形容詞＋difficulty：major（大きな），serious（深刻な），severe（ひどい），considerable（相当な），financial（財政的），economic（経済的），breathing（呼吸），learning（学習）

動詞＋difficulty：have（合う），run into/get into（陥る），experience（経験する），encounter（合う），face（直面する），overcome（克服する），resolve（解決する），present/pose《形式》（引き起こす），be fraught with（満ちている），cause/lead to（引き起こす），give rise to《形式》（引き起こす）

difficulty＋動詞：arise（生じる）

前置詞：with difficulty（やっとのことで），without difficulty（楽々と），in difficulty（窮している），the difficulty of ...（...の難しさ）

## ▌ **dinner** 名詞

### 夕食，ディナー，食事

形容詞＋dinner ： three-course/four-course （3品/4品の），Christmas （クリスマス），Thanksgiving （感謝祭の），potluck （持ち寄りの），romantic （ロマンティックな），candle-lit （キャンドルライトの），family （家族との），birthday （誕生日），black-tie （正装した），early （早めの），late （遅めの），school (BrE) （学校給食），TV （テレビを見ながら頂く）

動詞＋dinner ： have/eat （とる），make/cook （作る），have sth for … （…を食べる），have sb for/to （…を食事に招く），ask/invite sb to （…を食事に招く），come for/to （夕食にくる），go out for/to （出かける），serve （提供する）

dinner＋名詞 ： party （パーティー），guest （ゲスト），table （テーブル），service/set （ディナー用の食器類一式），dance （ディナーダンス，ダンスをする晩餐会），jacket (BrE) （ディナージャケット，紳士用晩餐会ジャケット）［(AmE) は tuxedo という］

## ▌ **doctor** 名詞

### 医師，医者

形容詞＋doctor ： female （女性），male （男性），family （家庭医，かかりつけ医），hospital （勤務），eye （眼科），sb's local （地元の），horse （やぶ）［a quack ともいう］

動詞＋doctor ： go to （診てもらう），see/visit (AmE) （診てもらう），ask/consult 《形式》（診てもらう），call （呼ぶ），get （呼んでくる）

doctor＋動詞 ： examine sb （…を診察する），prescribe sth （…の処方箋を書く）

フレーズ

**be just what the doctor ordered** 《略式》まさに必要なもの
**doctor's orders** ドクターストップ
**Doctors should follow their own advice.** 医者の不養生
**play doctor** お医者さんごっこする

## door 名詞

ドア，戸，扉

形容詞＋door：front/main（玄関），back/rear（裏口の），side（横の），locked（鍵のかかっている），unlocked（鍵のかかっていない），half-open（半開きの），kitchen（台所の），cupboard（食器棚の），fridge（冷蔵庫の），passenger（運転手の），driver's（運転席の），fire（防火），French（観音開きの），revolving（回転），sliding（引き戸），stage（楽屋口），swing（自在ドア），trap（落とし戸）

動詞＋door：open（開ける），close（閉める），shut/slam/bang（バタンと閉める），answer（対応する），lock（鍵をかける），unlock（鍵を外す），bolt（かんぬきをかける），knock on/at（ノックする），bang/hammer on（激しく叩く），tap on/at（トントンと叩く），get（開け閉めをする），come in（入ってくる），come out（出てくる）

door＋動詞：lead（…に通じる），open（開く），close（閉まる），shut/slam/bang（バタンと閉まる），fly/burst open（急に開く/閉じる），swing open/shut（さっと開く/閉じる），slide open/shut（横に開く/閉じる）

door＋名詞：handle（取っ手），knob（ノブ），key（鍵）

前置詞：in the door（ドアのところで），out of the door（ドアから），through the door（ドアを通して），at the door（ドアのところで），out of doors（屋外で）[outdoor ともいう]，to your door（玄関まで）

D

**as/when one door closes, another door opens.** 捨てる神あれば拾う神あり

**at death's door** 瀕死の状態で

**behind close(d) doors** 秘密裏に，密室で

**be on the door** （劇場の入り口で）もぎりをする

**Fire spreads to sb's own door.** 足元に火がつく［find the fire in sb's own backyard ともいう］

**from door to door** (1) (BrE) 出発地から到着地まで　(2) 戸口から戸口まで

**get your foot/toe in the door** 最初の一歩を掴む，とっかかりを掴む

**get in through the back door** 裏口から入る

**lay sth at sb's door** …を…（人）のせいにする

**open-door policy** 門戸開放政策

**show sb the door** 《略式》…を追い返す，追い出す

**show/see sb to the door** …を玄関まで見送る

**shut/slam the door in sb's face** 門前払いする，拒絶する

**shut/slam the door on …** …の道を閉ざす

**throw open the/its/sb's doors (to…)** （…に）門戸を開放する

**two/three etc doors away/from/up from …** …から 2 軒/3 軒先

## doubt 名詞

疑い，不信，疑念

形容詞＋doubt： serious/grave（深刻な），considerable（相当な），lingering/nagging（払拭しがたい）

動詞＋doubt： have（抱く），have sb's（抱く），have no/little（疑いがない，確信している），leave no/little ~ that 節（…について何ら疑いの余地を残さない），cast/throw ~ on …（…に疑問を投げかけ

る), call/throw sth into (... に疑いを挟む), express/voice (疑いを口にする), raise ~ about ... (... について疑いを引き起こす)

前置詞：doubt as to/about ... (... についての疑い)

フレーズ

**a doubt gnaws at sb**　人に対して疑心暗鬼になる

**an element of doubt**　かすかな疑い

**be in doubt**　(1) 不確かである　(2) 迷う

**be in no/any doubt about sth**　... については疑いはない

**beyond (any) doubt**　確信して

**beyond (a) reasonable doubt**　明らかに疑いの余地なく [(BrE) は a なし, (AmE) は a あり]

**Doubts beget doubts.**　疑いが疑いを生む

**give sb/sth the benefit of the doubt**　(疑いはあるけれど) ... を大目にみる, 手心を加える

**if/when (you're) in doubt**　確信が持てないなら

**no doubt about it**　間違いない

**not the slightest doubt**　疑いの余地なく

**open to doubt**　疑惑がある

**put sth beyond that**　[sth には the game/result/match などがくる] ... の結果を確信させる

**self-doubt**　自信喪失

**there is no/little/some doubt (that 節)**　確信している/少し疑わしい/疑わしい

**with a shadow of a doubt**　全く疑うことなく

## ▍ **doubt** 動詞

**疑う，疑問に思う**

文法形式：doubt that 節（…だと思う），doubt if/whether 節（…か
どうか疑問に思う）

フレーズ

**doubt sb's word** 人の言葉を疑う

**doubt yourself** 自身を疑う

**I doubt it.** そうじゃないと思います．

## ▍ **dream** 名詞

**夢，理想**

形容詞＋dream：bad（悪夢），strange/weird（変な），vivid（鮮明
な），recurrent/recurring（繰り返し見る），prophetic（正夢），oppo-
site/reverse/contrary（逆夢）

動詞＋dream：have（見る），remember（覚えている），fulfill/real-
ize（叶える）

dream＋動詞：come true（叶う）

dream＋名詞：home/house（家），job（仕事）

前置詞：dream about …（…についての夢），in a dream（夢の中で），
dream of (doing) sth（…という夢）

フレーズ

**be a dream** 完璧である

**be/live in a dream world** 夢うつつにいる，住んでいる

**be/seem like a dream** 夢のようで

**beyond sb's wildest dreams** 夢にも思わないほどの

**in a dream** 気にせずに，上の空で

**in your dreams** 《会話》ありえないね！

**like a dream** (1) 完璧に，効率よく (2)（夢での出来事かのように）奇妙に

**not/never in sb's (wildest) dreams ...** 夢にも … ない［think, expect とともに使用される］

**sth of sb's dreams** 憧れの …

**Sweet dreams!** 良い夢を！，おやすみなさい

**the ... of sb's dream** 人の理想の …

---

## ▌ dream 動詞

**夢を見る**

文法形式：dream that 節（… の夢を見る）

前置詞：dream about ...（… の夢を見る）

フレーズ

**I never dreamd that 節** まさか … だとは思わなかった，思いもよらなかった

**Who would have dreamt that 節？** … は誰が思っていただろうか？

**wouldn't dream of (doing) sth** 《会話》… するなんて夢にも思わない

句動詞

**dream away ...** （他動詞）…（時間）を空想で費やす

**dream on** 《会話》（命令形で）夢でも見てろ，寝ぼけたことを言うな，勝手に言ってろ

**dream up ...** （他動詞）…（現実的でない計画など）を思いつく

## drink 名詞

**飲み物, 飲料, 酒**

形容詞＋drink：soft（ソフト），alchoholic（アルコール），fizzy（BrE）/carbonated（AmE）（炭酸），hot/warm（あたたかい），cool/cold（冷たい），refreshing（清涼飲料水），stiff/strong（アルコール度数の高い）

動詞＋drink：have/take（飲む），go for（飲みに行く），buy/get sb（人に酒をご馳走する），pour sb（人に酒を注ぐ），make sb（人に（コーヒー，紅茶，お茶などを）入れる），sip sb's（一口飲む），down sb's（飲み干す）

前置詞：drink of ...（一杯の ...）

**フレーズ**

**drive sb to drink** 人を酒に溺れさせる

**have a drink problem** アルコール依存症，飲酒問題がある

**take to drink** 大量に飲酒するようになる

## drink 動詞

**飲む, 飲酒する**

副詞：heavily（大量に），greedily（ごくごく），socially（付き合いで）

前置詞：drink straight out of/from ...（... からラッパ飲みする）

**フレーズ**

**(all) drink as equals** 無礼講でやる

**days when sb doesn't drink** 休肝日

**drink and drive** 飲酒運転する

**drink like a fish** 常に大量に飲酒する［eat like a horse and drink like a fish（鯨飲馬食する）］

**drink sb under the table**　人を酔いつぶす

**drink sb' health**　(BrE) 人の健康を祝して乾杯する

**drink yourself silly/into a stupor/to death**　泥酔する

**What are you drinking?**　《会話》何を飲みますか？

句動詞

**drink down ...**　(他動詞) 一気に飲み干す

**drink into ...**　(他動詞) ...に聞き入る，見とれる

**drink to ...**　(他動詞)(1) ...に乾杯する [drink a toast to sb ともいう]　(2) [I'll drink to that で]《会話》それに賛成，それはいいね

**drink up**　(自動詞/他動詞) 飲み干す

## education 名詞

**教育，学校教育**

形容詞＋education ： good（立派な），poor（不適切な），all-round（全般的），full-time（全日制），state（BrE）/public（AmE）（公的），private（私学），formal（正規の学校），primary（school）（BrE）/elementary（AmE）（初等），secondary（BrE）/high school（AmE）（中等・高等），university/college（大学），further/higher（大学），adult（社会人），vocational（職業），nursery/pre-school（幼児），distance（遠隔），online（オンライン），bilingual（バイリンガル），multicultural（多文化），health（保健），sex（性），gifted（and talented）（英才）

動詞＋education ： have/get/receive（受ける），give/provide（提供する），enter（受け始める），leave（BrE）（学校を辞める），continue（維持する）

education＋名詞 ： system（制度），department（部），authority（関係当局），service（サービス），policy（方針），reform（改革），spending（費），material（教材），expert（専門家），standards（水準）

前置詞 ： in education（教育を受けて）

フレーズ

**an education-minded mother**　教育ママ

**be an education to/for sb**　人にとっていい教育（教訓）となる

## | effect 名詞

**効果，影響，効き目，結果**

形容詞＋effect ： adverse（逆，悪），benficial（好），major（主要な），nagative（負の），positive（好ましい），serious（深刻な），significant（顕著な），profound（絶大な），harmful/damaging（悪い），immediate（即効性），dramatic（劇的な），detrimental（損傷），knock-on（連鎖反応），cumulative（蓄積），opposite/reverse（逆の），greenhouse（温室）

動詞＋effect ： have ~ on ...（...に影響を及ぼす），feel（感じる），reduce/counter the ~ of ...（...の効果を和らげる/相殺する）

フレーズ

**be in effect** （法などが）効力を持っている

**cause and effect** 原因と結果

**for effect** 意図的に

**have a sobering effect on sb** 人にとって身の引き締まる思いがする

**in effect** 事実上，実際には

**put/bring/carry sth into effect** ...を実行する

**take effect** 効果を表す

**take effect/come into effect （from ...）** （法などが）（...から）効力を持つ

**to good/great/no effect** 効果的に/ほとんど効果なく

**to this/that/the effect** この/その趣旨で

**to the effect that 節** ...という趣旨で

**with immediate effect/with effect from ...** 《形式》即座に，...より有効で

## ▌ **effort** 名詞

**努力，骨折り**

[形容詞＋effort]： successful（成功した），unsuccessful（失敗に終わった），futile（無駄な），big/great（多大なる），considerable（相当な），tremendous（多大な），special（特別な），sustained（たゆまぬ），desperate（必死の），concerted（協力），joint（共同の），team（チームの），last-ditch（土壇場の），feeble（わずかな），vain（無駄に終わった），wasted（徒労），physical（肉体的），mental（精神的）

[動詞＋effort]： make（努力する），put ~ into …ing（…に注力する），take the ~ out of …（…が楽になる）

[文法形式]： It takes effort to do[sth take/require/involve effort《形式》ともいう]（…することは骨が折れる）

[前置詞]： effort at …（…についての努力），through sb's efforts（…（人）の努力によって），in an effort to do（…するための努力），with an effort（努力して）

**E**

[ フレーズ ]

**an effort of will/imagination/memory**　意志力/想像力/記憶力

**good/bad/poor effort**　良い/悪い/ひどい出来

**make/take/put extra effort**　一手間かける

**one last effort**　あと一歩［one more push, one last push ともいう］

**put in a lot of time and effort**（**to do/into .. ing**）（…することに）手間暇かける

**waste sb's effort/not be worth the effort**　無駄骨を折る

**with no effort**　楽な

## energy 名詞

**活力，元気，気力，エネルギー**

形容詞＋energy ： boundless（無限の），nerve（から元気），excess（有り余る），renewable（再生可能），solar（太陽），alternative（代替），nuclear/atomic（核/原子），wind（風力），wave（波力），clean（クリーン）

動詞＋energy ： be full of（元気いっぱいである），lack（元気がない），give（与える），put/devote/throw/apply/channel sb's ~ into …（…に投入する），generate/produce（生産する），supply/provide（提供する），store（蓄積する），use（使う），conserve（節約する）

energy＋名詞 ： use（使用），efficiency（効率），consumption（消費），needs/requirements（需要），production（生産），resources（資源），shortage（不足），crisis（危機），supply（供給），bill（光熱費），price（価格）

フレーズ

**a form of energy**　エネルギー形態
**a source of energy**　エネルギー源
**a waste of energy**　労力の無駄
**with energy to spare**　余力を残して

## environment 名詞

**環境，（周囲の）状況，自然環境**

形容詞＋environment ： competitive（競争の激しい），external（外的），natural（自然），global（地球），hostile（厳しい），physical（物理的），rural（農村），safe（安全な），stable（安定した），uraban（都市），work（労働），marine（海洋）

[動詞＋environment]： protect（守る），conserve《形式》（保護する），
harm/damage（損なう），destory（破壊する），pollute（汚染する），
clean up（浄化する）

[ フレーズ ]

**be good/bad for the environment** 環境に良い/悪い

**be harmful to the environment** 環境に有害である

**damage/harm to the environment** 環境への被害

**protection/conservation of the environment** 環境保護/保全

**the destruction of the environment** 環境破壊

**the effect/impact on the environment** 環境への効果/影響

E

## event 名詞

**出来事，事件，行事，イベント**

[形容詞＋event]： big/major（大きな），important/significant（大き
な，重要な），momentous（画期的な），historic（歴史的），dramatic
（劇的な），tragic（悲劇的な），traumatic（トラウマとなる），rare/
unusual（珍しい），latest（最新の），current（最近の），inaugural（開
会式），fund-raising（資金集めの）

[動詞＋event]： celebrate/commemorate/rank（祝う），witness（目
撃する），record（記録する）

[event＋動詞]： happen/take place/occur（起こる），unfold（展開す
る），lead (up) to …（…に至る），hold/organize（催す）

[ フレーズ ]

**a series/chain/sequence of events** 一連の出来事

**after the event**（BrE）出来事の後に気づいて

**in any/either event, at all events** いずれにしても

**in the event**（BrE）結局

**in the event of sth/in the event that sth happens** …という場合

**in the normal/ordinary course of events** 自然の成り行きで

**the course of events** 事件の経過

**the happy event** 《略式》赤ちゃんの誕生

## example 名詞

**例，実例，手本，見本**

形容詞＋example ： good/fine（良い），classic/perfect/prime/typi-cal（典型的な），excellent/outstanding（絶好の），blatant/glaring（露骨な），extreme/notable《形式》（極端な），obvious（明らかな），graphic（まざまざとした），shining（素晴らしい），bad/good（悪い/良い）

動詞＋example ： give（sb）/provide（人に例を挙げる），take（挙げる），use（用いる），cite（挙げる），find（見つける），contain/in-clude（含む），quote（引用する），follow（見本とする）

example＋動詞 ： show/illustrate（示す），set（示す）

前置詞 ： example of …（…の例），for example（例えば），by ex-ample（手本によって），example to …（…にとっての手本）

フレーズ

**by watching sb's example** 見よう見まねで

**learn from sb's bad example** 反面教師とする

**make an example of sb** 人を見せしめに罰する，人を見せしめとする

**set a bad example** 示しがつかない

## **exercise** 名詞

### 運動，体操，エクササイズ，練習

形容詞＋exercise：good（体に良い），regualr（定期的な），daily（日々の），physical（体操），hard（激しい），strenuous（猛烈な），vigorous（活発な），gentle/light（軽度の），moderate（適度な），aerobic（有酸素）

動詞＋exercise：take（BrE）/do some/more（する），get some（体を動かす），do（練習する）

exercise＋名詞：program（プログラム），routine（習慣），regime（BrE）/regimen（AmE）（療法），bike（エクササイズバイク），class（教室），book（練習帳）

前置詞：on exercise（演習で）

**フレーズ**

**a type/form/kind of exercise**　運動の一タイプ/一形態/一種

**be an exercise in futility**　徒労に終わる

**lack of exercise**　運動不足

**the exercise of sth**　《形式》...（権力などの）行使

## **eye** 名詞

### 目，眼，目つき，視力

形容詞＋eye：brown/blue/green/haze（茶色の/青色の/緑色の/薄茶色の），big/small/round.wide/narrow（大きな/小さな/丸い/幅の広い/細い），deep-set（窪んだ），close-set（寄り），wide-set（離れ）

動詞＋eye：open sb's（開ける），close/shut sb's（閉じる），rub sb's（こする），shade/shield sb's（覆う），narrow sb's（細める（悪い意味で）），blink sb's（瞬きする），roll sb's（丸くする），drop/

lower sb's（伏せる），avert sb's（そらす）

eye＋動詞：open（開く），close（閉じる），narrow（細くなる），widen（見開く），sparkle/shine（喜びで輝く），light up（興奮して輝く，目を細める）

eye＋名詞：contact（アイコンタクト），doctor（眼科医），exam（視力検査）

前置詞：through sb's eyes（…の目を通して），under sb's（watchful）eyes/under the（watchful）eye of sb（…の目の前に），with your eyes（wide）open/shut/closed（目を（大きく）見開いて/閉じて），with sleepy eyes（寝ぼけ眼で）

#### フレーズ

**a sight for sore eyes/a feast for the eyes**　目の保養

**an eye-catcher/an eye-catching item**　目玉商品

**an eye for an eye（and a tooth for a tooth）**　目には目を（歯には歯を）

**all eyes are on/watching/fixed on sth**　…に目が釘付けである，…に目を向ける

**be the apple of sb's eyes**　…の目に入れても痛くない

**be up to your eyes in sth**　《略式》（BrE）…でとても忙しい

**bird's eye view**　鳥瞰図

**black eye**　青あざ

**can do sth with your eyes shut/closed**　いとも簡単に…する

**can read it in sb's eyes/can tell by the book in sb's eyes**　目を見ればわかる

**can't believe sb's eyes**　目を疑う

**can't look sb in the face/eye**　合わせる顔がない

**can't take your eyes off sb/sth**　…から目が離せない

**catch sb's eyes/catch the eye of sb**　目にとまる

**catch the public's eye/fancy**　人気を博する，世間の注目を浴びる

**close/shut your eyes to sth**　…を見て見ぬふりをする，無視する

**for sb's eyes only**　秘密，極秘

**get 形容詞の比較級 before sb's very eyes**　みるみるうちに…になる

**get/keep your eye in**　(BrE)《略式》(スポーツなどが)上手になり続ける

**give/make sb the eye**　《略式》人を性的な目で見る

**give sb the glad eye**　…(人)を性的な目で見る

**have a poor eye for art**　美術に弱い

**have a sharp eye for sth**　…に関して目がきく[a connoisseur ともいう，eyes という複数形，have sharp eyes になると「めざとい」という意味になる]

**have an eye for …**　(1) …について見る目がある[have a good eye for … ともいう] (2) 考える

**have an eye to …**　…しようともくろむ

**have eyes in the back of your head**　《略式》何でもお見通しである

**have eyes like a hawk**　鋭い観察力がある

**have/keep your eye on sb/sth**　…を注意深く監視する，(失敗しないように) …を見守る

**have one eye on …**　…を注意して見る

**have your eyes on sb/sth**　(1) …(人・物を)狙っている，欲しがる (2) 人を注意深く見る

**Hearing about something is one thing, seeing it with your own eyes is another.**　聞くと見るとは大違い

**in a pig's eye!**　(AmE)《会話》まさか信じられない！

**in front of sb's (very) eyes/before sb's (very) eyes**　…(人)の見ている前で

**in sb's eyes**　…(人)の目によると

**in the eye of the storm** 台風の目［やっかいな状況に巻き込まれている様子を表す］

**in the eyes of the law/world, etc.** 法的見地からは/世間の人たちの目には

**in the public eye** 人目にさらされて

**in the twinkling of an eye** あっという間に

**in the twinkling/wink/blink of an eye** まばたきする間に

**in your mind's eye** 心の中では

**It's often difficult to see what's right in front of your eyes.** 灯台下暗し

**keep a sharp eye on ...** …に目を光らせる

**keep a weather eye on sb/sth** …に絶えず目を配る

**keep an eye on/out for ...** …の世話をする

**keep your eyes open/peeled/skinned (for ...)** 《会話》(…を) 油断せずに見続ける

**look sb in the eye** …(人) を直視する

**not bat an eye** 平然として動じない

**not know where to rest sb's eye/have no place to rest sb's eyes** 目のやり場に困る

**one in the eye for sb** (BrE)《会話》…(人) への痛手

**only have eyes for sb** …(人) を一途に愛する

**open sb's eyes to sth** …に (人) の目を開かせる

**private eye** 私立探偵

**pull the wool over sb's eye** …(人) の目をあざむく

**red eye** 夜行便

**run/cast your eye(s) over sth** …にざっと目を通す

**sb's eyes are bigger than their stomach/belly** 《略式》食べきれないほど欲張ってとる

**sb's eyes are heavy with sleep** まぶたが重くなる

**sb's eyes fill with tears/tears come to sb's eyes**　目頭が熱くなる

**sb's eyes were popping**（**out of sb's head**）　驚きで目が飛び出る

**see eye to eye**（**with sb**）　（人と）見解が一致する

**see sth out of the corner of your eye**　視界の片隅に…を捉える

**set/lay/clap eye on …**　《略式》…を目にする

**take sb's eyes off the road**（**while driving**）　わき見運転をする

**take your eyes off …**　…から目を逸らす

**the evil eye**　呪いの眼差し

**the naked eye**　裸眼

**the scales drop from sb's eyes/see the light**　目から鱗が落ちる

**there is no more to sb/sth than meets the eye**　人/物には見かけ
　以上のものがある，隅に置けない

**to the untrained eye**　素人目には

**turn a blind eye**（**to sth**）　（…に対して）見て見ぬふりをする

**where sb can't keep an eye on …**　人の目の届かないところ

**with an eye to sth/…ing**　…しようとして，…のために

E

## face 名詞

**顔，顔つき，表情**

形容詞＋face ： pretty （かわいい）, beautiful （美しい）, handsome （整った）, round （丸）, oval （うりざね）, square （角ばった）, thin/ narrow （細面）, sad （悲しそうな）, serious （真面目な）, happy （楽しそうな）, smiling （にこやかな）, straight （すました）, angry （怒った）, worried/anxious （心配そうな）, puzzled （困惑した）, blank/ impressive （うつろな）, wrinkled/linked （しわのある）, long （仏頂面）, familiar （顔馴染み）, new （新顔）, well-known/famous （有名人）, sober （真顔）, sour （苦虫を潰したような）, scowling （しかめっ面）, true （素顔）

動詞＋face ： pull/make （しかめっ面をする）

face＋動詞 ： go/turn red （赤くなる）, go/turn pale （青ざめる）, light up/brighten （明るくなる）, darken （険悪になる）, fall （がっかりする）

前置詞 ： on sb's face （人の顔に）

フレーズ

**a look/expression on sb's face** 人の顔の表情

**a slap in the face** ひどい仕打ち，侮辱

**a smile/grin/frown on sb's face** 人の顔に浮かんだ笑み/微笑み/しかめっ面

**be staring sb in the face** 《略式》明らかである，一目瞭然である

**blow up in sb's face** （計画などが）突然中止になる

**can't look sb in the face/eye**　合わせる顔がない

**disappear/vanish from/off the face of the earth**　姿をくらます，消え去る

**do sth till you're blue in the face**　精魂尽き果てるまで…をする

**face down/downwards**　顔を下げて，下にして

**face to face**　(1) 向かい合って　(2) 直面して

**face up/upwards**　顔を上げて，上にして

**fly in the face of …**　…に公然と反抗する

**get in sb's face**　《会話》《略式》イライラさせる

**get out of my face**　《会話》《略式》うせろ，どっかへ行け

**have egg on your face**　恥をかく

**have sb's face lifted/have a face lift**　顔のしわを伸ばす

**have the face sb deserve**　顔に責任を持つ

**in the face of sth …**　(問題など) に直面をして

**in your face**　《会話》《略式》攻撃的な，対立的な

**know sb's face/know sb by sight**　顔見知りである

**laugh in sb's face**　人に面と向かって嘲笑う

**let … show on sb's face**　感情を顔に出す

**lose face**　面子を失う

**make a face**　渋い顔をする

**make/cause sb lose face**　顔に泥を塗る

**not just a pretty face**　かわいいだけじゃなくて有能である

**on the face of it/on its face**　表面上は，一見したところ

　　☞ これまでは間違いとされた on its face が現代英語では使用されます．

**on the face of the earth**　地球上で

**put/get your face on**　《略式》化粧をする

**put on a brave face**　平静を装う

**save face**　面子を保つ，顔を立てる

**say sth/tell sb sth to their face**　人に…を面と向かって言う

**sb's face fits**　人が向いている（否定分で使用されることが多い）

**show your face**　顔を出す，現れる

**shut your face**　《会話》《略式》黙れ！

**slam the door in sb's face**　玄関払いをする

**sth is written all over sb's face.**　本心が…の表情にはっきりと現れている

　［類似表現：**It's written all over sb's face.** 顔に書いてある］

**take sth at face value**　額面通りに受け取る

**tell sb to sb's fae**　ガツンと言う

**the face of sth**　(1) …の性質，特徴　(2) …の見かけ

**what's his/her face**　《会話》《略式》何とかという人

**wipe sth off the face of the world**　…をこの世から抹殺する

**wipe the smile/grin off sb's face**　《略式》人を青ざめさせる

**you can see sth in sth's face**　人の顔の表情がわかる

## fact　名詞

**事実，真実**

|形容詞＋fact|：basic（基本的），key（重要な），well-known（広く知られた），little-known（ほとんど知られていない），interesting/curious（興味深い），remarkable（驚くべき），hard（変えようのない），historical（歴史的），scientific（科学的），bare（ありのままの），plain（明らかな）

|動詞＋fact|：give sb/provide（伝える），establish/piece together（証明する），examine（調べる），state（述べる），stick to（伝える）

|前置詞|：fact about …（…についての事実），fact of …（…の事実）

|文法形式|：It's a fact that …（…は事実である）

　フレーズ

**after the fact**　事後に

**as a matter of fact**　実際のところ

**due to/in view of the fact that …**　…という事実によると/から見て

**face facts**　事実を直視する

**facts and figures**　正確な事実

**get your facts right/straight**　事実をはっきりさせる

**get your facts wrong**　事実を誤解する

**in (actual) fact**　(1) 実際は　(2)（前言の補足，反対のことを言う際に）いや実際には

**Is that a fact?**　《会話》本当ですか？

**It's a fact./That's a fact**　それが事実だ.

**know for a fact (that)**　…という事実を知っている

**the fact (of the matter) is …**　《会話》実情は…である

**the facts of life**　性についての知識

**the fact remains that …**　…という事実は変わらない

**the facts speak for themselves**　その事実は説明の必要がないほど明白である

## family　名詞

**家族，一族，子供**

形容詞＋family：the whole/all the （一族）, sb's immediate （近親者）, sb's extended （拡大）, large/small （大/少人数の）, one-parent/single-parent （一人親の）, nuclear （核）, close （親密な）, close-knit （結束の固い）

動詞＋family：have （子供がいる）, start （子供を作る）, bring up/raise （子供を育てる）

---

family＋名詞 ： member/a member of ~（家族の一員）, sb's ~ background（家庭環境）, history（歴史）, life（生活）, unit（世帯）, sb's ~ home（実家）, business（家業）, car（家庭用の車）, holiday（BrE）/vacation（AmE）（家族で過ごす休暇）, resemblance（家族的類似）, name（家名）, ties（家族の絆）, trouble（お家騒動）

フレーズ

**a family (-oriented) type**　家庭的なタイプ

**bring disgrace (up) on (to) the family name/disgrace the family name/besmirch the family name**　家名を汚す

**commit family/murder suicide**　一家心中をする

**fit into sb's family tradition**　家風に合う

## ▌ fear　名詞

**恐怖，不安**

形容詞＋fear ： worst/greatest（最大の）, irriational（不合理な）, deep-seated（根深い）, groundless（杞憂）

動詞＋fear ： be filled with/be full of（いっぱいである）, shake/tremble with（震える）, conquer/overcome（克服する）, be gripped by（とらわれる）, be paralyzed with（身がすくむ）, confirm（認識する）, ease（和らげる）, allay（鎮める）, dispel（追い払う）

前置詞 ： fear for ...（... に対する恐怖）, fear of ...（... の恐怖）, without fear（恐れずに）, in fear（怖くなって）

フレーズ

**be in fear of/for your life**　身の危険を感じながら

**be/live in fear of sth**　... に常に怯えている

**fear of missing out**　見逃す・取り残されることへの不安［SNS で

は FOMO を使う]

**for fear (that) /for fear of sth/for fear of …ing**　…を恐れて

**have a fear of heights**　高所恐怖症である［acrophobia ともいう］

**have no fear of sth**　…を恐れない

**keep sb in fear of sb**　睨みをきかせる

**no fear!**　(BrE)《略式》お断りします！

**put the fear of Good into sb**　《略式》人を怖がらせる

**sb's hopes and fears**　期待と不安

**strike fear in the hearts of the people**　泣く子も黙る

**strike fear/terror/a chill into sb/sb'sheart**　人を怯えさせる

**without fear or favour**　(BrE)《略式》公正に

F

## | feeling　名詞

**感じ，感覚，気持ち，感情 [気持ち，感情の場合は，feelings になる]**

形容詞＋feeling：good（いい），great/wonderful（素晴らしい），
　deep（深い），intense（激しい），strong（強い），bad/ill（わだかま
　り）

動詞＋feeling：experience（経験する），have/get（感じがする），
　give sb（人に与える），arouse sb（人に引き起こす），hurt sb's（人の
　感情を害する），hide sb's（人の感情を隠す），show/express sb's（人
　の感情を表す），put sh's ~ into words（人の感情を表す），create（引
　き起こす），harbor（心に抱く）

前置詞：feeling of …（…の感じ），feeling about …（…への感じ），
　feelings about/on …（…についての感情），feelings against …
　（…に対しての反感），with feelings（感情を込めて）

フレーズ

**a feeling for sth**　(1) …への理解力　(2) …への才能

**have mixed feelings about sth**　…に対して複雑な感情がある

**I know the feelings.**　《会話》お気持ちわかります

**let sb's feelings show on sb's face**　感情を顔に出す

**no hard feelings**　《会話》悪気はないからね，悪く思わないでね

**sound out sb's feelings**　打診する

**the feeling is mutual.**　《会話》同じ気持ちです，お互い様だ

**with no hard/ill feelings**　恨みっこなしで


## fight 名詞

**(1)　けんか，戦い**

形容詞＋fight ：big（大げんか），fair（正々堂々とした），fierce（激しい），street（路上），fist（素手での），knife（ナイフを使った），sword（刀を使った）

動詞＋fight ：have（する），get into（発展する），start（始める），pick（売る），accept（買う），stop/break up（止める），win/lose（戦いに勝つ/負ける），be spoiling for（けんかをしたくてうずうずする）

fight＋動詞 ：break out/erupt/take place（始まる）

前置詞 ：fight with …（…とのけんか），fight between …（…間のけんか），fight over/about …（…についてのけんか）

〔フレーズ〕

**a fight with sb's wife/husband**　夫婦げんか

**be always ready for a fight**　けんかっ早い

**(2)　試合**

形容詞＋fight ：brave（勇敢な），straight（一騎打ち）

〔フレーズ〕

**a fight to the death/finish**　死闘

**make a fight of it**　粘り強く戦う

**put up a good/brave fight**　善戦する

**throw the fight/game**　わざと試合に負ける

## │ **fight** 動詞

**戦う**

│副詞│：bravely/valiantly（勇敢に），hard（激しく）

│前置詞│：fight against …（…に対しての戦い），fight over …（…をめぐっての戦い），fight with …（…で戦う），fight over …（…をめぐって張り合う）

（フレーズ）

**fight a fire/flare**　消火する

**fight a lone battle**　孤軍奮闘する

**fight a losing battle**　勝ち目のない戦いをする

**fight/battle (at) windmills**　ひとり相撲をとる

**fight fire with fire**　毒をもって毒を制す

**fight for breath**　呼吸困難になる

**fight for your life**　重篤である

**fight like cat and dog**　犬猿の仲である

**fight sb's corner**　(BrE) 意見を守る

**fight shy of (doing) sth**　(BrE) …を避ける

**fight to death/finish**　死ぬ/最後まで戦う

**fight tooth and nail (for sth)/fight sth tooth and nail**　(…のために) 必死に戦う

**fight your own battle**　自力で戦う

**fight your way (through/past)**　かき分けて前進する

**fighting for survival**　生き残りをかけた戦いをする

**fighting spirit**　闘志

**fighting words/talk**　挑発的な言葉

**have a fighting chance**　成功の見込みがある

句動詞

**fight back**　（自動詞）やり返す（他動詞）（感情を）隠す

**fight down ...**　（他動詞）（感情を）隠す

**fight off ...**　（他動詞）（1）（人を）しりぞける　（2）（病気などを）寄せつけない

**fight out/fight it out**　（他動詞）とことん戦う

## film　名詞

**映画**

形容詞＋film：horror（ホラー），adventure（アドベンチャー），war（戦争），feature（長編），low-budget（低予算），blockbuster（大ヒット）

動詞＋film：watch/see（見る），appear in（出る），star in（役を務める），direct（監督する），make（作る），shoot（撮影する），screen/show（上映する）

film＋動詞：star/feature sb（人が映画で主演である），be released/come out（公開される），be on（BrE）/be showing（上演中である）

film＋名詞：industry（産業），company/studio（配給会社），studio（スタジオ），actor/star（俳優），director（監督），producer（プロデューサー），maker（製作者），soundtrack（サウンドトラック），crew/unit（撮影チーム），critic（批評家）

## ▌ fire 名詞

**火, 火事, 火災, 暖房の火, コンロの火**

形容詞＋fire ： big/major（大）, forest（山）, house（家屋）, blaz-ing/roaring（赤々と燃える）

動詞＋fire ： start（つける）, set ~ to sth/set sth on ~（…に火をつける）, put out/extinguish（消す）, fight（消火活動をする）, be destroyed/damaged by（焼ける）, catch（つく）, light/make（起こす）, turn ~ on/off（暖房のスイッチを入れる/切る）, turn ~ up/down（暖房の温度を上げる/下げる）, put sth on（…に火をくべる）, open（戦いの火蓋をきる）, set（つける）

fire＋名詞 ： station（消防署）, hydrant（消火栓）, hose（消火ホース）, sprinkler（消防スプリンクラー）, extinguisher（消火器）, escape（非常階段）, drill（火災訓練）, door（防火扉）, crew（消防隊員）

前置詞 ： on fire（燃えている, 人気に火がつく）

フレーズ

**a fire sale** 超特価セール

**add fuel to the fire/flames** 火に油を注ぐ［fan the fire ともいう］

**be/come under fire** (1) 非難の的になる (2)（＋from）銃撃される

**bring a fire under control** 消火する

**draw fire** 厳しく非難される

**fight fire with fire** → fight［動詞のフレーズ参照（毒をもって毒を制す）］

**find the fire in sb's own backyard** 足元に火がつく

**fire and brimstone**（宗教的）死後の地獄や天罰

**fire in your belly** 熱意

**get on like a house on fire** すぐに意気投合する

**hang/hold fire**　(1) 待つ　(2) 撃つのをやめる

**in the life of fire**　(1) 戦場で　(2) 非難されて

**light a fire under sb**　(AmE)《会話》人に仕事をするようにさせる

**not be careless with fire**　火の用心をする

**play with fire**　危険を冒す

**pull sb out of the fire**　起死回生

**set the world on fire**　大成功を収める

**should worry about the fire in sb's own backyard**　頭の上のハエも追えない

**there's no smoke without fire.**　火のないところに煙は立たず

**wait with fire in sb's eyes**　手ぐすねを引く

## ▎　fish　名詞

**魚**

形容詞＋fish ： freshwater (淡水), saltwater/sea (海水), river (川), tropical (熱帯), farmed (養殖), wild (天然), raw (生), oily (脂っこい)

動詞＋fish ： catch (捕まえる), land (引き上げる), keep (養殖する)

fish＋動詞 ： swim (泳ぐ), bite (餌に食いつく)

fish＋名詞 ： stock (漁業資源), spieces (魚種) [spieces of fish ともいう], tank (水槽), pond (養魚池), food (餌), hook (釣り針)

フレーズ

**a bigh fish in a little/small pond**　井の中の蛙

**a cold fish**　無愛想な人

**a fish story**　眉唾もの，ホラ話

**a shoal/school of fish**　魚群

**another/a different kettle of fish**　全く別のもの

**be/feel like a fish out of water**　場違いである

**be like a fish in water**　所を得る，水を得た魚

**drink like a fish**　大酒飲み〔eat like a horse and drink like a fish（鯨飲馬食）〕

**have other/bigger fish to fry**　《略式》もっと重要なことがある

**like teaching a fish to swim**　釈迦に説法

**neither fish nor fowl**　得たいの知れない

**there are plenty more fish in the sea**　《会話》（失恋した相手に）他にも選択肢はある

## food　名詞

**食べ物，食料，食品**

形容詞＋food：good/excellent/delicious/tasty（美味しい），fresh（新鮮な），healthy（健康に良い），nourishing/nutiritious（栄養のある），frozen（冷凍），tinned（BrE）/canned（AmE）（缶詰），cold（冷たい），hot（温かい），simple/plain（質素な），processed（加工），organic（有機），spicy（スパイシーな），fatty（脂っこい），genetically modified（遺伝子組み換え），health（健康）

動詞＋food：have/eat（食べる），cook/prepare（調理する），serve（出す），enjoy（楽しんで食べる），swallow（飲み込む），digest（消化する），chew（噛んで食べる）

food＋動詞：taste good（美味しい），smell good（いい匂いがする）

food＋名詞：supply（供給），industry（業界），production（生産），item/product（食品），crisis（危機），shortage（不足），price（価格），bill（食費），colouring（BrE）/coloring（AmE）（着色料），poisoning（食中毒），additives（添加物），processor（フードプロセッサー），chain（連鎖），scare（不安），security（安全保障），court（フードコート）

フレーズ

**a food floor**　デパ地下

**be off your food**　（BrE）食欲がない

**food for thought**　思慮の糧

**food with a homemade taste**　家庭料理

**go off your food**　（BrE）絶食中である

**keep food on the table**　飢えをしのぐ

**try a food sample**　試食する


## ▍　**friend** 名詞

**友達，友人**

形容詞＋friend：best（大親友），good/close/great（親友），old（旧友），childhood（幼なじみの），school（学校時代の），family（家族ぐるみの），personal（個人的な），mutual（共通の），firm（ずっと変わらない），trusted（信頼のできる），lifelong（終生の）

動詞＋friend：make（作る），have（いる），become/be（なる），remain（付き合いを続ける）

前置詞：friend from …（…からの親友），friend with …（…との友達）

フレーズ

**a friend in need is a friend indeed**　まさかの時こそ真の友

**a friend of a friend**　友達の友達

**a friend with benefits**　割り切った関係

**be in the friend zone**　《略式》友達止まりである，恋愛対象として見られていない

**be just (good) friend**　単なる友達ある（恋愛関係ではない）

**be no friend of sth**　…は好きではない，…の支援者ではない

**friends and relatives/neighbors/acquaintace**　友人と親戚/隣人/
　知り合い

**have friends in high places**　有力なつてがある

**my honourable friend**　(BrE) 議員閣下（英国議会で使用される呼
　びかけ）

**my learned friend**　(BrE) 博識なる友（英国法廷において弁護士間
　で使用される呼びかけ）

**our/your friend**　《会話》ねえ，君（初対面の人への呼びかけ）

**sb's circle of friend**　友達の輪

**That's what friends/neighbours are for.**　お互いさま

---

## ▌ **future** 名詞

F

**将来，未来，前途**

形容詞＋future ： near（近い），immediate（直近の），not-too-distant
　（そう遠くない），bright（輝かしい），promising（有望な），uncertain
　（不確かな），bleak/grim/painful/dark（暗い）

動詞＋future ： predict（予測する），foretell（予言する），see/look
　into（見通す），look to（目を向ける），plan for（計画を立てる）
　[make plans for the future ともいう]

future＋動詞 ： lie in/with ...（将来は...にかかっている），look
　bright/good, etc.（将来が明るく/良く見える）

前置詞 ： future of ...（...の未来）

フレーズ

**avoid further trouble in the future/keep any further trouble**
　**from cropping uo in the future**　後腐れがないようにする

**draw up plans for the future**　生活設計を立てる

**fret about the future**　取り越し苦労をする [Let the future take

care of itself ともいう〕

**have a/no future**　将来性がある/見込みがない

**in future**　（BrE）これから

**sb's hopes/fears/plans for the future**　人の将来への希望/恐れ/計画

**the future is bleak.**　お先真っ暗

**there's a/no future in sth**　…は成功の見込みがある/ない

**what the future holds**　将来待ち受けていること

## game 名詞

### (1) ゲーム，遊び

形容詞＋game ： role-playing（ロールプレイング），ball（球技），
board（ボード），card（カード），computer（コンピューター），on-
line（オンライン），competitive（対戦型），indoor（屋内），outdoor
（屋外）

動詞＋game ： play（ゲームをする）

### (2) 試合，競技大会

形容詞＋game ： close（接戦），tough（苦戦），home（本拠地の），
away（アウェイ），league（リーグ戦），cup（賜盃をかけた試合）

動詞＋game ： have（BrE）/play（する），see/watch（観戦する），
win（勝つ），lose（負ける），draw（引き分けになる），compete in/
participate in（参加する），hold/host（開催する）

game＋動詞 ： be tied（引き分けになる）

前置詞 ： game against/with ...（... との試合）

フレーズ

**a game of chance** 賭博のゲーム

**a game of chicken/a chicken game** チキンゲーム，度胸試しゲーム

**a mug's game** 無駄骨，徒労

**an endless game of whack-a-mole** イタチごっこ

**all part of the game/all in the game** 日常茶飯事だ，普通のこと

**ahead of the game** 有利な立場に立って

**at this stage of the game** この期に及んで

**be on the game**　(BrE)《略式》売春する

**be out of the game plan**　戦力外通知を受ける

**beat/play sb at their own game**　お株を奪う

**fun and games**　お祭り騒ぎ

**game on**　《会話》さあ，試合開始だ.

**game over**　《会話》ゲームオーバー，終わり

**give the game away**　秘密が漏らす

**It's a game of two halves.**　《略式》（スポーツで）まだ後半に可能性がある

**Let's have none of your games.**　その手は食わない.

**play games with sb**　人に思わせぶりをする

**play games (with sb)**　(1)（play silly games で）ふざける　(2) 人をからかう

**play (word) games**　奥歯にものがはさまった言い方

**sb got game**　(AmE)《略式》人がスポーツで能力がある

**the game's up**　《会話》万事休す，一巻の終わり

**the name of the game**　肝心なところ

**the only game in town**　唯一利用できるもの

**throw the fight/game**　→ fight 名詞のフレーズを参照

**The game is above over/up.**　年貢の納め時

**What's her/his/your game?**　(BrE)《会話》どういうつもりなの？

---

**コラム**

**go and do sth/go to do sth/go do sth**
行って〜する/〜するために行く/〜するために行く

ポイント：これまで go and do sth＝go to do sth＝go do sth と理解されてきました．しかし，現代英語のデータを観察すると，必ずしもそうではありません．下記の例を参照してください．

a. I go and pick up my friends at the airport. (＝I go to the airport and pick up my friends there.)

b. I go to pick up my friends this afternoon.

c. I go pick up my friends this afternoon.

a. の例からわかるように，go and do sth は go の副詞的語句が do sth の後に現れます．それに対して，b. と c. の go to do sth, go do sth は do の目的語のみが現れます．このことより，go do sth は go to do sth の to が省略されたフレーズであることがわかります．

## goal 名詞

### (1) 目標，ゴール

形容詞＋goal ： main／primary（主要な），ultimate（究極の），immediate（当面の），long-term（長期的），short-term（短期的），personal（個人的な），common（共通の），realistic（現実的な），achievable（達成可能な），ambitious（野心的な），unattainable（遠すぎる）

動詞＋goal ： set／establish（定める），have（持つ），work toward（向かって努力する），achieve／attain／reach／accomplish／meet（達成する），pursue（追い求める），realize（実現する）

前置詞 ： goal of ...（... という目標）

### (2) ゴール，得点

形容詞＋goal ： brilliant（素晴らしい），equalizing（同点の），winning（決勝），own（オウン）

動詞＋goal ： get／score（得点する），let in（失点する）

goal＋名詞 ： difference（得失点差），area（エリア），kick（キック），line（ライン）

前置詞 ： goal against ...（... から奪った点），goal for ...（... への

得点）

フレーズ

**be in goal/keep goal**　(BrE) ゴールキーパーを務める

<br>

## ▐　guess　名詞

**推測，推量**

形容詞＋guess：rough/wild（当てずっぽう），lucky（まぐれ），
　good（見事な），best（最も可能性の高い），educated/informed（根
　拠に基づく），inspired（直感による）

動詞＋guess：make/have（BrE）/take（AmE）（推測する），hazard
　（当てずっぽうを言う）

前置詞：at a guess（BrE）（推測では），guess as to ...（...について
　の推測）

フレーズ

**be anybody's guess**　誰も予測がつかない，予断を許さない

**I'll give you three guesses.**　《会話》容易にわかるでしょう

**make a calculated guess**　やまを張る

**my guess is (that) ....**　《会話》私の推測では ....

**your guess is as good as mine.**　《会話》私にもわかりません

<br>

## ▐　guess　動詞

**推測する，思う**

副詞：correctly/right（正確に），incorrectly/wrong（間違って）

前置詞：guess about/as to ...（... について 推測 する），guess
　from ...（...から推測する）

文法形式：guess that ...（... だ と 思 う，推測する），guess who/

what/how, etc（誰か/何か/どのようやるか推測する）

┌─────────┐
│ フレーズ │
└─────────┘

**guess what** 《会話》ねぇねぇ，想像してみて

**I guess** 《会話》(＋that) …だと思う

**I guess not.** 《会話》そうだとは思わない

**I guess so.** 《会話》そうだと思う

**It isn't/wasn't hard to guess sth** …を推測することは難しくない/なかった

**keep sb guessing** 人をハラハラさせる，気を揉ませる

**let me guess** 私が思うには

**sb can only guess …** …を推測するしかない

**sb would never guess** 《会話》(＋that) …は見当もつかない

**you can guess** 《会話》検討がつくと思うが，言わなくてもわかると思うが

**you'll never guess**（who/what/how, etc.）《会話》(誰か/何か/どうやるか) 見当もつかないでしょう

**G**

## hair 名詞

**髪の毛，髪**

形容詞＋hair ： dark（黒），blonde/fair（金），white（白），short（ショート），long（ロング），shoulder-length/medium-length（肩までの長さの），straight（直毛），curly（カールした），wavy（ウェーブがかかった），tangled（もじゃもじゃの），thick（濃い），unkempt（くしでといてない）

動詞＋hair ： have（ある），brush/comb sb's（とく），wash sb's（洗う），do/fix（AmE）（整える），have/get sb's ~ permed/cut/dyed（パーマをかけてもらう/切ってもらう/染めてもらう），cut sb's（自分で髪の毛を切る），dye sb's ~ blonde/brown（金髪/茶色に染める），wear sb's ~ long（長くしておく），grow sb's ~ long（伸ばしっぱなしにする），lose sb's（禿げる）

hair＋動詞 ： grow（伸びる），curl（カールする）

hair＋名詞 ： loss（抜け毛），colour（BrE）/color（AmE）（髪の色），dye（毛染めの染料），removal（脱毛）

前置詞 ： by a hair/by a hair's breadth（タッチの差で）

【 フレーズ 】

**a lock of hair** 髪の束

**a mop of hair** もじゃもじゃ頭

**a strand/wisp of hair** 一本の髪の毛

**be tearing/pulling your hair out** 《略式》(不安，悲しみなどでどうしていいかわからず) 髪をかきむしる

**get in sb's hair** 《略式》人を苛立たせる

**have a bad hair day** 髪が決まらない日，うまくいかない日

**have a good/fine/think head of hair** ふさふさの髪の毛

**have sb tearing their hair (out)** 頭を抱える

**just a hair off** ほんのちょっと違う

**keep your hair down** (BrE)《会話》落ち着いて，興奮せずに

**let your hair down/let down your hair** 《略式》気を許す，くつろぐ

**make sb's hair curl** 人を怖がらせる，ぎょっとさせる

**make sb's hair stand on end** 人を怯えさせる

**not harm/touch a hair on sb's head** 人を絶対に傷つけない

**not have a hair out of place** 身なりが整っている

**not see hide nor hair of** 全く見かけない

**not turn a hair** 全く動じない

**split hair** 瑣末なことにこだわる

**the hair of the dog (that bit you)** （二日酔いの）迎え酒

**There is not a hair's difference.** 寸分たがわない

**H**

---

| **hand** 名詞

**手，人手**

| 形容詞＋hand | ： right/left（右/左），rough（荒れた），soft（柔らかな），firm（がっちした）

| 動詞＋hand(s) | ： wash（洗う），wipe（拭く），clap（叩く），wave（振る），hold（握る），shake（握手する），take（とる），join（繋ぐ），fold（両手を合わせる），raise（挙げる），rub（寒さで手を擦る），need/want（人手が必要である），give/lend sb（人を手伝う）

| hand＋動詞 | ： shake/tremble（震える），reach out（伸びる）

| hand＋名詞 | ： luggage/baggage（手荷物），brake（サイドブレーキ），

gesture（手振りで）, soap（ハンドソープ）, sanitizer（消毒）

前置詞：by hand（(1) 手で　(2) 手渡しで）, hand in hand（(1) 手に手をとって　(2)［go hand in hand とも］密接に関連して）, at hand（(1) 手近に　(2) 近いうちに［close/near at hand とも］）, hands off（《会話》さわるな）, hand up（《会話》(1)（答えがわかる人）手をあげて　(2)（警察が）手を上げろ！）, in hand（(1) 進行中で［job/task/matter in hand とも］　(2)（BrE）無給で働く　(3)（BrE）（金・時間などが）自由になる　(4)（BrE）（試合が）まだ残っている）, in sb's hands/in the hands of sb（人の手に［in good/safe/capable hands とも］）, to hand（（BrE）手元に）, hands down/win sth/beat sb hands down（楽に）, on hand（ありあわせの）

フレーズ

**a show of hands**　挙手による採決方法

**all hands on deck/all hands to the pumps**　（BrE）《略式》総力戦

**(at) first hand**　じかに，直接

**(at) second/third/fourth hand**　間接的に

**at the hand of sb**　人の手にかかっている

**be an old hand (at sth)**　…についてのベテランである

**be bound hand and foot**　がんじがらめになる

**be good with your hands**　手先が器用

**be off your hands/take sb/sth off sb's hands**　責任は負わない，手が離れて

**bite the hand that feeds upon**　恩を仇で返す

**can do sth with one hand (tied) behind your back**　《会話》いとも簡単に

**come to hand**　（偶然に）手に入れる

**dirty sb's (own) hands**　悪いことに手を汚す

**every/any …/everything/anything sb can get sb's hands on**　手

当たり次第に

**force sb's hand**　人に無理強いする

**get/lay your hands on sth**　《略式》どうにかして…を手に入れる

**get out of hand**　手に負えなくなる

**get your hands dirty**　(1)《略式》肉体労働で必死に働く　(2) 真剣に取り組む

**get your hands on sb**　《会話》人を捕える

**give a big hand**　《会話》盛大な拍手を送る

**give sb a hand**　肩入れする

**hand in glove**　結託して，一緒になって

**have a hand in**　加担する

**have a hand in sth**　…に関わる，…に一枚かむ

**have blood on your hands**　人の死に責任がある

**have sb eating out of your hand**　人を手なづける，飼い慣らす

**have sb in the palm of sb's hand**　人を意のままにする

**have sb/sth on your hands**　手元に残る

**have time on your hands**　暇を持ち余している，手持ち無沙汰だ

**have your hands/fingers in the till**　横領する

**have your hands full**　手がいっぱいである

**keep your hand in …**　…の腕が落ちない

**keep your hand off**　《略式》関わらない，干渉しない

**lend a helping hand**　一肌脱ぐ

**live from hand to mouth**　その日暮らしをする

**make money hand over fist**　《略式》ボロ儲けする

**on either/every hand**　四方八方に

**on the other hand/on the one hand … on the other hand**　一方で

**on (your) hands and knees**　四つん這いになって

**out of your hands**　専門外で，人の管理を離れて

H

**overplay your hand**　勇み足を踏む

**play into sb's hands**　人の思うつぼである

**read everthing sb can get sb's hands on**　乱読する

**sb's hands are tied**　どうにもできない

**show sb's hand**　手の内を見せる

**stand on sb's hand**　逆立ちする

**take/get your hands off**　《略式》手を離す

**talk sb by the hand and teach them step by step**　手取り足取り
　教える

**the left hand does no know what the right is doing** ちぐはぐな行
　動を取る

**the upper hand**　優勢，優位 [have/hold the upper hand（優位にい
　る），get/gain/take the upper hand（優位に立つ）]

**throw up sb's hands (in depair)**　お手上げである

**tie/bind sb hand over foot**　(1) 人の手足を縛る　(2) 人が思うよ
　うにいかなくさせる

**try your hand at doing**　…しようとする

**turn your hand to doing**　首尾よくやる

**wash your hands of sth**　…から足を洗う

**with sb's bare hands**　素手で

**wring sb's hands**（苦しみのあまり）手を握りしめる

---

## ▌ **hand**　動詞

**手渡す，渡す**

前置詞 ： hand sth to sb（人に…を手渡す）

フレーズ

**you have to hand it to sb**　《会話》人に敬意を表す

句動詞

**hand around / round ...**（他動詞）...を配る

**hand back ...**（他動詞）(1)（+ to）...を返す　(2)（テレビなどで現場からスタジオに）戻します

**hand down ...**（他動詞）(1) ...を後世に伝える　(2) ...をお下がりにする　(3) ...に判決を下す

**hand in ...**（他動詞）提出する

**hand on ...**（他動詞）(BrE) 手渡す

**hand out ...**（他動詞）(1) 配る　(2) 忠告する　(3) 罰を与える

**hand over ...**（他動詞）(1) 手渡す　(2) ...を（警察などに）引き渡す　(3)（権力などを）譲渡する

---

コラム

**have difficulty to V**　V することが難しい，困難である

ポイント：これは，have difficulty -ing が本来の用法ですが，意味的な差異なしに -ing が to 不定詞に変化した構文です．このような構文以外に，-ing が to 不定詞に変化した構文，to 不定詞が -ing に変化した構文として，[suggest *-ing*] → [suggest to V]，[be worth *-ing*] → [be worth to V]，[afford to V] → [afford *-ing*] などがあります．このような構文の類例として，to 不定詞が that 節へ，that 節が to 不定詞へ変化した構文として，[S want O to V] → [S want that S′ + V]，[S suggest that S′ (should) V] → [S suggest O to V] などがあります．

---

H

## head 名詞

**頭，頭部**

形容詞＋head：shaved（剃り上げた），bald（禿），blonde（金髪の），

dark（黒髪の），grey（白髪の）

[動詞＋head]：turn（向ける），bend/bow/lower（下げる，お辞儀を
する），cock（ぐっとあげる），incline（下げる），nod（うなずく），
shake（左右に振る），tilt（傾ける），toss（そらす），raise/lift（上げ
る），scratch（かく），hang（恥ずかしくて伏せる），come into/pop
into（浮かぶ）

[head＋動詞]：ache/hurt/thro（痛む），hit（ぶつかる）

[head＋名詞]：injury（怪我）

**フレーズ**

**a big head**　《略式》うぬぼれ

**a criminal with a head on sb's shoulders**　知能犯

**a/per head**　一人あたり

**as soon as your head hits the pillow**　すぐ寝る

**bang/knock sb's heads together**　《会話》(2人以上もしくは複数の
グループを) 分別よくふるまわせる

**be/fall head over heels in love with sb**　人にくびったけ，夢中で
ある

**be/get in over your head**　お手上げである

**be (like) banging/bashing/hitting your head against a brick
wall**　《会話》無駄な努力をする

**be off your head**　(BrE)《略式》おかしくなる

**be out of/off your head**　《略式》(違法薬物もしくは大量の飲酒のせ
いで) まともでない

**be over sb's head**　歯が立たない

**be/stand head and shoulders above the rest/others/the average
person/sb**　《略式》他の人よりもずば抜けている，頭角を現す

**beat sb's head against a wall**　無理なことをする

**bite sb's head off**　(言葉で) かみつく

**bite/snap sb's head off** 感情的に人を叱りとばす

**bury your head/face in the sand** 現実から目をそらす

**can't get sth out of sb's head/stick in sb's head** 人の頭にひっかかる

**can't make head or/nor tail of sth** 《略式》全く理解できない

**can't walk with sb's head held high** 肩身が狭い

**cock sb's head thoughtfully** 小首をかしげる

**come to a head/bring sth to a head** 《略式》急に悪化する

**do your head in** (BrE)《会話》イライラさせる

**even if sb stood on sb's head** 逆立ちしても

**from head to toe** 頭の先からてっぺんまで

**get a head start on ...** ...に先んじる

**get/build up a head of steam** 勢いを増す

**get it into sb's head (that ...)** ...だと思い込む

**get/put sth out of your head** 《略式》...を考えるのを止める

**get/put your head down** (1)《略式》おとなしく働く (2) (BrE) 寝る

**get sth into your head** ...を理解する

**get your head round sth** (BrE) 理解することができる

**give (sb) head** 《略式》(人に)オーラルセックスをする

**give sb their head** 人を自由にする

**go head to head with sb** 人と直接対決する

**go over sb's head** (1) 無理難題である (2) 人を飛び越えて上に訴える

**go to sb's head** 《略式》(1) つけあがる,人をうぬぼれさせる (2) 酒がすぐ回る

**have a clear head** さえている

**have a full/good/fine/thick head of hair** 髪の毛がふさふさしている

**have a (good) head for heights**　(BrE) 高い所が平気である

**have a (good) head for figures/facts/business, etc.**　数字に強い/
物覚えが良い/商才がある

**have a head on sb's shoulders**　抜け目がない

**have your head in the clouds**　《略式》空想にふける，現実離れし
ている

**have your head screwed on (straight/right)**　《略式》分別がある

**head or tails**　(BrE)《会話》(コインの) 裏か表か

**head of water/steam**　水頭/蒸気圧

**head over heels**　真っ逆さまに

**heads up**　(AmE)《会話》注意喚起，警告

**heads will roll**　《略式》厳しい処罰が待っている，何人かの首が飛ぶ

**hold up your head/hold your head high**　堂々とする，胸を張る

**keep your head above water**　《略式》(財政的に) どうにかやって
いく，自転車操業である

**keep your head down**　(BrE)《略式》身をひそめておく

**keep your head (keep a clear/color/calm head)**　冷静でいる

**knock sth on the head**　(BrE)《略式》…が起こらないようにする

**laugh sb's head off**　抱腹絶倒する

**laugh/shout/scream your head off**　《略式》大声で笑う/叫ぶ

**lose sb's head over sb**　人に熱を上げる

**lose your head**　冷静さを失う

**on your own head be it**　《会話》自己責任でやれ

**over sb's head**　頭ごしに

**put sth into sb's head**　人に…を信じさせる

**put your heads together**　一緒に問題を考える

**sb can do sth standing on their head**　《略式》朝飯前だ，逆立ちし
てもできる

**sb's head is going to burst**　頭がパンクしそうだ

**take/get it into your head** (**to do sth**)　《略式》…することを決める

**talk off the top of your head**　《略式》思いつきで言う

**turn sb's head**　おどろく

**turn/stand sth on its head**　《略式》…を一新する

**two heads are better than one.**　三人寄れば文殊の知恵

**use your head**　よく考える

## health　名詞

**健康，健康状態**

形容詞＋health：good（良い），bad（不），poor（体調不良），ill（長わずらい），failing（悪化），mental（精神の），physical（身体の）

動詞＋health：damage（害する），endanger（危うくする），maitain（維持する），promote（増進する），neglect（不摂生する）

health＋動詞：improve（改善する），detriorate（衰える）

health＋名詞：care（保険医療），problem（問題），risk/hazard（リスク/危険なもの），benefit（利益），warming（被害報告），insurance（保険），food（食品）

フレーズ

**a clean bill of health**　健康証明書

**a health report**　健康診断書

**be good/bad for your heath**　健康に良い/悪い

**be in good/bad health**　健康で/不健康で

**sb's state of health/health and well-being**　健康状態

H

## ▌ **heart** 名詞

### (1)　心臓，鼓動，動悸

形容詞＋ heart ： artificial（人工），beating（ドキドキしている），
weak/bad（悪化した）

動詞＋ heart ： beat（鼓動を打つ），pond/thud/thump（動悸を打つ）

heart ＋名詞 ： rate（心拍数），trouble/problem（不調），disease/
condition（病），transparent（移植），surgery（手術）

### フレーズ

**almost have a heart attack**　命が縮まる思いをする

### (2)　心，気持ち

形容詞＋ heart ： kind/good（優しい），big（寛大な），heavy（沈ん
だ）

動詞＋ heart ： have（…な心をしている），follow（従う），break（悲
しませる），open（開く）

heart ＋動詞 ： ache（痛む），break（悲しむ），warm/gladden（温め
る），leap/jump（躍る），sink（意気消沈する）

前置詞 ： at heart（内心は，根は），from the bottom of your heart
（心の底から），in your heart（心の底では），(straight) from your
heart（心の底から），with a heavy heart（悲しんで），with all your
heart (and soul)（心を込めて）

### フレーズ

**do sth out of the goodness of your heart**　善意から

**harden sb's heart (aginst)**　心を鬼にする

**have a change of heart**　心境に変化がある，気が変わる

**have a heart**　《会話》思いやりがある

**have a heart of gold**　とても親切である

**have a heart of stone**　冷酷である

**have sth at heart** …を心にかけている，切望する

**it does your heart good to see/hear sth** 心が温まる思いがする

**lose your heart（to sb）**（人に）恋する

**my heart bleeds（for sb）**《会話》（人を）気の毒に思う（本当はそう思っていない）

**not have sb's heart in …** …に気が入らない

**play/work/sing your heart out** 思う存分遊ぶ/働く/歌う

**put your heart into sth** …に身を入れる

**sb's heart aches with sadness** 切ない

**sb's heart burns/longs for …** …に身を焦がす

**sb's heart desire** 人の心からの望み

**sb's heart goes out to sb** 人を気の毒に思う

**sb's heart is in the right place** 根はいい人である

**sb's heat is not in sth** 心ここにあらず

**sb's heart skips a beat** 胸がキュンとする

**sick at heart** 心が病んでいる

**the way to sb's heart** 人心掌握術

**to your heart's content** 心ゆくまで

**touch sb's heart** 人の琴線に触れる

**wear/have your heart on your sleeve** 感情を表に出す

**win/capture/steal sb's heart** 人の心を奪う

**win the hearts and minds of …** …の心を掴む

H

**(3)　中心，核心**

前置詞：at the heart（中心に），heart of …（…の中心部に）

フレーズ

**get at the heart of the matter/problem** 問題の核心をつく

**strike at the heart of sth** …の核心をつく

### (1) (2) (3) 以外の意味で使用されている heart のフレーズ

**a man/woman after your own heart**　同じ意見の人

**always act with one heart and mind**　一心同体

**be in good heart**　(BrE) 元気で

**close/dear/near to sb's heart**　人にとって大事である

**cross your heart (and hope to die)**　《会話》ゆびきりげんまん，約束ね

**do sb's heart good**　人を喜ばせる

**eat your hear out**　(1) 高嶺の花　(2) (BrE) 悲観する，くよくよする

**Have a heart.**　《会話》勘弁してよ

**have (a lot of) heart**　人間味がある

**have no heart**　人間味のない

**have your heart set on (doing) sth/set your heart on (doing) sth**　…することを心に決める

**learn sth (off) by heart**　…を暗記する

**not have the heart to do sth**　…するのにしのびない

**sb will break a few hearts**　《会話》人はとても魅力的である

**sb's heart is in sb's mouth**　生きた心地がしない

**sob/cry your heart out**　思いっきり泣く

**take heart (from sth)**　元気である

**take sth to heart**　…を真に受ける，気にする，肝に銘じる

## | help　名詞

**助け，助力，手伝い，支援**

形容詞＋help：generous (惜しみない), domestic/household (家事), international (国際的), emergency (緊急), voluntary (自発的)

動詞＋help：get/receive (受ける), find (見つける), seek/ask for/

appeal for（求める）, give/provide（支援する）, offer（申し出る）, need（必要とする）, enlist（とりつける）

help＋名詞 ： desk（デスク）, line（電話支援）

前置詞 ： with help（助けて）, with the help of sb/with sb's help （人の助けで）, of help（役に立つ）

フレーズ

**cry for help** 助けを求める叫び

**in need of help** 助けを必要として

**outside help** 助っ人

**temporary help** 臨時雇い

## help 動詞

**助ける，手伝う**

文法形式 ： help sb (to) do sth（人が…することを手伝う）, help sb with sth/help sb through sth（人が…するのを手伝う）, help (to) do（…することを手伝う）, help sb on/off with sth（人が…を着る/脱ぐのを手伝う）

H

フレーズ

**give/lend/offer sb a helping hand** 一肌脱ぐ

**God help him/them, etc.** 情けないことに

**help yourself** （1）ご自由にどうぞ （2）《略式》(help yourself to …で) …を盗む

**I couldn't help myself.** 我慢できずに

**It cannot be helped.** 《会話》仕方がない

**not if I can help it** 《会話》そんなことはしない

**sb can't help (doing) sth/sb can't help but do sth** …せざるを得ない

**sb is helping the police with their enquiries** （BrE) 警察の尋問に答える

**so help me (God)** （法廷で）神に誓って

句動詞

**help along** （自動詞）円滑に進む

**help out ...** （自動詞・他動詞）《会話》（＋with) ...を支援する，助ける

# here, there　副詞

フレーズ

**be/get there** 成功する，達成する

**be not all there** 《略式》まともでない，正常でない［be all there よりよく用いられる］

**be out of here** 立ち去る準備ができている

**be there (for sb)** ～のためにいる，助ける準備ができている，寄り添う

**hello there/you there** （電話で）こんにちは

**here and now (the here and now)** 現在のところ，今この瞬間 (the here and now)

**here and there** あちらこちらに

**here comes sb/sth** ほら～がやって来る［やって来るという行為の進行中］

**here goes** （奮起）さあ，やるぞ

**here it is** (1)（注意喚起）いいですか　(2)（奮起）さあ，やるぞ　(3)（提示）これです

**here sb is (doing sth)** （予測しなかったことに対して現在の状況を説明）ほらここです

**here sb is** (**also sb/sth is here**)　ほら～がやって来た［やって来たという行為が完了］

**here to stay**　普及する，浸透する

**here today, gone tomorrow**　今日はここにあるが明日はもうない，一時的である

**here we go**　(1)（注意喚起）いいですか［冒頭で用いられ，look/listen here we go の形］　(2)（奮起）さあ，やるぞ［冒頭で用いられ，OK/all right/are you ready? here we go の形］　(3)（嫌悪）あーあ，またか［冒頭で用いられ，oh/no here we go の形］　(4)（同意）そうそう［中頃で用いられる］　(5)（行為完了）よし完璧［中頃で用いられ，OK here we go の形］　(6)（提示）これです

**here we go again**　(1)（注意喚起）いいですか［冒頭で用いられ，look/listen here we go again の形］　(2)（奮起）さあ，やるぞ［冒頭で用いられ，OK/all right/are you ready? here we go again の形］　(3)（嫌悪）あーあ，またか［冒頭で用いられ，oh/no here we go again の形］　(4)（提示）これです

**here you are** (**here you go**)　(1)（注意喚起）いいですか　(2)（提示）これです

　☞ here, there を使用したフレーズのうち，here we go, here we go again, there you go, here goes, here it is, there you are, here you are, here you go は，似たような機能を持ちます.

**here, there, and everywhere**　あちこち至る所に

**here's to sb's happiness/success, etc.**　～の成功，幸せなどに乾杯

**It's just a stone's throw from here./It's right there./It's a little ways from here.**　ここから目と鼻の先です.

**neither here nor there**　重要ではない，取るに足らない

**sb/sth is here to do sth**　～のためにここに来る，ある

**So there I was/we/they were, ~.**　だから，私/私たち/彼らはそのとき～でした.

**there and then**（＝**then and there**）　即座に，直ちに

**there goes sth/sb**　(1) 人/物がどこかに行ってしまう，消えてしま
う　(2) ～（電話の着信音やベルなどが）鳴っている　(3)（機会，
金，希望などが）なくなる，失敗する

**there it is/there you are/there you go**　（状況に不満だけれどなす
すべがない際に）そんなもんだ

**there/then again**　（真実味に欠ける説明を追加して）それからまた

**there you are**　(1)（注意喚起）いいですか [look/listen ther you
are の形]　(2)（提示）これです

**there you go (again)**　(1)（奮起）さあ，やるぞ [there you go の
形]　(2)（嫌悪）あーあ，またか [there you go again の形]

**there's a good boy/girl/dog, etc.**　(BrE)（子供や犬などを褒めて）
何ていい子/犬なんだ！

**there's sth for you**　（怒りもしくは落胆して）～なんてもんじゃな
い

| 間投詞 |

**so there**　（いらだち，不快を表して会話の終わりに使用して）そう
いうことです，おあいにくさま

**there, there!**　（泣いている人，怒っている人などをなだめて）よし
よし，まあまあ


## ▎ hill　名詞

**丘，山，坂，坂道**

|形容詞＋hill|：steep（急な），rolling（起伏のある），gentle（なだらか
な），long（長い）

|動詞＋hill|：climb (up)/go up（登る），top（到達する），come
down/go down（下る）

|hill＋名詞|： town（町）, country（山地）, climbing（登り）, top（山頂）, tribe（民族）

|前置詞|： in the hills（山中に）, on a/the hills（丘の上で）, up a/the hill（丘を登って）

フレーズ

**it doesn't amount to a hill of beans** （AmE）《会話》どうでもいいことである

**over the hill** 《略式》もう若くない，全盛期を過ぎて

**the bottom/foot of a hill** 山の麓

**the Hill** （AmE）連邦議会

**the top/brow of a hill** 山頂

## hope　名詞

**希望，望み，願い，期待，見込み**

|形容詞＋hope|： faint（かすかな）, false（偽りの）, forlorn/vain（むなしい）, one/only（唯一の）, impossible（かなわぬ）

|動詞＋hope|： have（抱く）, give/offer（抱かせる）, lose/give up/abandon（捨てる）, raise/get/build sb's ~ up（抱かせる）, hold out（与える）, pin ~ on …（…に希望を託す）, cling to（すがる）, dash/shatter（打ち砕く）, be full of（あふれている）, carry the ~ of（背負う）

|hope＋動詞|： fade（消える）, grow/rise（高まる）, remain（残っている）

|前置詞|： beyond hope（望みもなく，救いがたい）, in the hope that/in the hope of ding sth（…を希望して）, hope for …（…への望み）

|文法形式|： the hope is that …（望みは…である）

H

フレーズ

**a glimmer/ray/spark/touch of hope**　わずかな望み

**I/We live in hope.**　《会話》望みを捨てずにいる

**have high/great hopes for sb/sth**　…に大きな期待をかけている

**hope springs eternal**　希望の泉は枯れない

**more than sb could have hoped/asked for**　御の字

**not a hope!/some hope!/what a hope!**　《会話》見込みは全くない

**not have a hope in a hell**　全く希望がない

**pin sb's hopes on ...**　…に望みを託す

**sb's hopes and dreams/fears**　人の願望と夢/恐怖

**sb's one and only hope**　頼みの綱

**There's still hope.**　まだ希望がある，捨てたもんじゃない


## hope　動詞

**望む，願う**

文法形式：hope that ... （…を望む），hope to do （…することを願う），I hope to God ... （願わくば…）

フレーズ

**half hope/hoping that ...**　…を半ば願う

**hope against hope**　見込みのない希望を持つ

**hope for the best**　最善の結果を期待する

**I hope not.**　《会話》そうじゃないことを願う

**I hope so.**　《会話》そうだと願う

**I'm hoping that/to do**　《会話》…だと願う

**I should/would hope so (too).**　《会話》ぜひ願うよ

## hospital　名詞

### 病院

| 形容詞 + hospital | : psychiatric/mental（精神科），day（外来），general（総合），children's（小児科），meternity（産科）

| 動詞 + hospital | : go to/into/be admitted to（入院する），be taken/rushed/airlifted to（連れて行く/搬送される/空輸される），leave/come out of/be discharged/released from（退院する），go (to) visit sb in the ~（見舞いに行く）

| hospital + 名詞 | : treatment（入院治療），cure（治療），stay（入院），bed（ベッド），ward（病棟），room（病室）

| 前置詞 | : at a hospital（病院で），in a hospital（入院して），to a hospital（病院へ）

## hotel　名詞

H

### ホテル，旅館

| 形容詞 + hotel | : five-star（五つ星），luxuary（高級），airport（空港の），top（一流の），resort（リゾート），beachfront（海岸沿いの），seafront（海沿いの）

| 動詞 + hotel | : stay in/at（泊まる），book into (BrE)/check into (AmE)（チェックインする），check out of（チェックアウトする），book（予約する），run/manage（経営する）

| hotel + 名詞 | : room（部屋），accommodation (BrE)/accommodations (AmE)（宿泊施設），guest（客），reservation（予約），suite（スイートルーム），resutaurant（レストラン），reception（受付），lobby（ロビー），worker（従業員），manager（支配人）

| 前置詞 | : in/at a hotel（ホテルで）

## ice 名詞

氷

| 形容詞＋ice |：thick（厚い），thin（薄い），black（路面氷結），crushed（かち割り），dry（ドライアイス）

| 動詞＋ice |：be covered in（覆われている）

| ice＋動詞 |：melt（溶ける），form（張る），crack（ひびが入る）

| ice＋名詞 |：cube（角氷），crystal（結晶），skating（アイススケート），hockey（アイスホッケー），water（氷水）

| 前置詞 |：on the ice（氷の上で）

フレーズ

**a person with ice water flowing through their veins** （1）人でなし［a cold-blooded beast とも］ （2）冷静な

**be (skating) on thin ice/walk on thin ice/tread on thin ice** 薄氷を踏む，危なかっしい状態にいる

**break the ice** 緊張をほぐす，話の口火を切る（緊張を解きほぐす人は ice breaker と言う）

**cut no ice/not cut much ice/not cut any ice (with sb)** 影響力がない，印象を与えない

**keep/put sth on the ice** 《略式》…（計画など）を延期する

## ▎idea 名詞

**考え，提案，アイデア**

形容詞＋idea：good（良い），bad（悪い），great/brilliant/excellent（素晴らしい），bright（名案），clever（優れた），interesting（興味深い），original/innovative（独創的な），stupid/ridiculous/crazy（バカげた），half-baked（いい加減な），asinine（猿知恵）

動詞＋idea：have（ある），get（ひらめく），give sb（人に考えを吹き込む），come up with（思いつく），hit on《略式》（思いつく），toy with《略式》（あれこれ考える），brainstorm（出し合う），share/exchange（共有する），abandon（諦める），conceive（構想する），develop（練る），dismiss（却下する），endorse/support（支持する），explore（探索する），formulate（練る），promote（奨励する），reject（拒否する）

idea＋動詞：come to sb/hit sb（人の頭に考えが浮かぶ）

前置詞：idea for ...（...のための考え），idea of doing sth（...する考え），idea behind ...（...の背景にある考え）

文法形式：It is a good idea to do sth（...することは良い考えである），it was sb's idea to do sth（...することは人の考えだった）

フレーズ

**a gold mine of ideas**　アイデアの宝庫

**association of ideas**　連想

**Don't get any wrong ideas about sb.**　《会話》人に気を回さないで

**get idea**　《会話》(1) 思い込む　(2)（よからぬことを）企てる

**get the idea**　《略式》(＋that) 理解する

**get the wrong idea**　《略式》間違ったことを信じる

**give sb a hint/a glimpse/a idea of ...**　...の片鱗を示す

**have a pretty good idea**　だいたい見当がつく

**have an idea (that)** 漠然とわかる

**have no idea/not have any idea** わからない

**have other ideas** 別の心づもりがある

**have the right idea** 《略式》まともな考えをしている

**Is it sb's idea of a joke?** 《会話》それは冗談のつもりなの？

**not have the slightest/faintest/foggiest/remotest idea** 見当がつかない

**only sb's idea** 独りよがりの考え

**put/plant ideas into sb's head/give sb ideas** 《略式》人に入れ知恵する

**that's the idea** 《会話》(1) そう，そういうことです　(2) そう，その調子です

**that's/there's an idea** 《会話》その通り！

**What's the big idea?** 《会話》どういうつもりですか？

**Where did you get that idea?** 《会話》どうしてそんな考えになるの？

**You have no idea.** 《会話》わかりっこないね

---

## ▌ **image** 名詞

### (1) イメージ，印象

形容詞＋image：good/positive（良い），bad/negative（悪い），wholesale/clean/clean-cut（健全な），upmarket (BrE)/upscale (AmE)（高級な），downmarket (BrE)/downscale (AmE)（大衆向け），traditional（伝統的な），popular（一般的な），public（広く認識されている），screen（画面上の），boost（イメージアップさせる），change（イメージチェンジする）

動詞＋image：have（抱く），create（作り上げる），improve（イメージアップする），damage（損なう），live up to（沿う），present/

project/promote（打ち出す），cultivate（作り出す），tarnish（傷つける），lose/shed（捨てる），shake off/get away from（追い払う），shed（脱皮する）

image＋名詞 ： problem（イメージに関わる問題）

前置詞 ： image of ...（...のイメージ）

フレーズ

**be the (very/living/spitting) image of sb** 人の生き写しである，そっくりである

**in the image of sb/sth ...**（人/物）をひな型にして

## (2) 画像

形容詞＋image ： violent（暴力的な），dramatic（印象的な），visual（視覚），blurred（ぼんやりとした），still（静止），live（生の）

動詞＋image ： generate/produce（作り出す），download（ダウンロードする），edit（編集する），print（プリントする），enlage（拡大する），store（保存する）

image＋動詞 ： depict ...（...を描く），repreent ...（...を表す），reveal ...（...を明らかにする）

image＋名詞 ： capture（取り込み），processing（加工），analysis（分析），compression（圧縮），transfer（転送）

コラム

**in accordance to sth** (1) ～（法，規則など遵守したほうがよいもの）に従うと　(2) ～（情報源，意志，精神）によると

ポイント：in accordance to は，既存の群前置詞フレーズ according to と in accordance with の混交によりできたフレーズです．これら3つのフレーズの関係は，下記のようになります．

according to + (i) 情報源，(ii) 法，規則など

↓

in accordance to + (i) 情報源，(ii) 法，規則など，(iii) 意志，精神など

↑

in accordance with + (ii) 法，規則など，(iii) 意志，精神など

(井上 2019：129)

このことより，in accordance to は，既存の群前置詞フレーズ according to と in accordance with の中間に位置するフレーズです．

---

**コラム**

**in and of＋再帰代名詞　〜自体**
**A in and of＋名詞（句）〜についての A**

ポイント：in and of は in and of itself からできたフレーズです．itself 以外の再帰代名詞もしくは名詞（句）が省略され in and of と使用されることにより，in and of が独立して使用されるようになりました．[in and of＋itself 以外の再帰代名詞] は，再帰代名詞が指す名詞の内容を強調し，その様子の述べるために使用され，「〜自体」という意味になります．[A in and of＋名詞（句）] は新しい複合前置詞として機能し，「〜についての A」という意味なり，前置詞 concerning と似た意味で使用されます．

---

**コラム**

**in and of itself　本質的に**

ポイント：これまで，in and of itself は in/of itself を強調したフレーズと理解されてきましたが，そうではありません．また，

in itself = of itself とされてきましたが，そうではありません．
in itself（それ自体，本質的に）は，itself が示す事柄を強調する
ために用いられます．of itself（それ自体，本質的に）は，itself
が示す事柄の様子を述べる際に用いられます．in and of itself
（それ自体，本質的に）は，itself が指す事柄を強調する働きと事
柄の様子を述べる際に用いられます．このように，3つのフレー
ズの意味は同じですが，働きには差異が生じます．

---

**コラム**

### in spite of S＋V　S は V にもかかわらず

ポイント：譲歩の意味を持ち，前置詞句として機能する in spite
of が，形を変えずに [in spite of S＋V] という接続詞へ機能を
変化させています．この変化は，[although S＋V] の類推，in
spite of the fact that S＋V，about S＋V の影響に依ると考えら
れます．これ以外に譲歩を意味するフレーズの接続詞用法の有無
をまとめたものが下記です．

|  | ◯ or × |
|---|---|
| regardless of | ◯ |
| irregardless of | ◯ |
| despite (of) | × |
| irrespective of | ◯ |
| notwithstanding | ◯ |
| for all | × |
| with all | × |

(井上 2019: 101)

上記に述べた言語現象以外に，譲歩の意味を表すフレーズが，そ
の一部である前置詞を省略して，前置詞，接続詞，節末副詞とし
て振る舞うことがあります．下記を参照してください．

|  | ＋wh 節 | ＋名詞句 | ＋名詞節 | ＋節末副詞 |
|---|---|---|---|---|
| no matter | ○ | ○ | × | × |
| whatever | × | ○ | ○ | × |
| regardless | ○ | × | × | ○ |
| irregardless | ○ | ○ | × | ○ |
| in spite | × | ○ | ○ | ○ |
| despite | ○ | ○ | ○ | ○ |
| irrespective | ○ | ○ | ○ | ○ |
| notwithstanding | ○ | ○ | ○ | ○ |

（八木・井上 2004: 170）

## ▮ **influence** 名詞

**影響，効果，作用**

形容詞＋influence ： good/positive（良い），bad/negative（悪い），
big/great/significant（大きな），important（重要な），major（主な），
considerable（かなりの），strong/powerful（強烈な），deep（深い），
profound（強い），growing（強まる），lasting（持続する），direct/
indirect（直接的/間接的），calming/soothing（安らげる），political
（政治的），cultural（文化的），economic（経済的），outside/external
（外部からの），undue（不適切な）

動詞＋influence ： have ~ on ...（...に影響がある），exert/exercise/
use/wield（及ぼす），come/fall under the ~ of ...（...の影響を受け
る），lose（失う）

前置詞 ： influence on/over ...（...への影響力），under the influence
（影響下で）

フレーズ

**under the influence (of alcohol/drink/drug)** （BrE）《略式》酔って

## information 名詞

**情報，ニュース，知識**

形容詞＋information ： useful （役に立つ），valuable （貴重な），correct/accurate （正確な），wrong/false （誤った），relevant （関連），classified/confidential/secret （秘密の），additional/further （追加），new （新たな），latest/up-to-date （最新），background （背景），detailed （詳細な），inside （内部），contact （連絡先），financial （財政），economic （経済）

動詞＋information ： have （持っている），contain （含む），get/receive （受け取る），give/provide （提供する），look for/seek （探す），exchange （交換する），access （アクセスする），collect/gather （収集する），acquire （手にいれる），disclose （公表する），divulge （漏らす），elicit/extract （引き出す），leak （漏らす），glean （少しずつ集める），obtain （得る），communicate/pass on/convey （伝える）

information＋名詞 ： booth/centre （BrE）/center （AmE）/office （案内所），system （システム），age （情報化時代），revolution （革命），overload （過多）

前置詞 ： information on/about/regarding ... （...についての情報）

**フレーズ**

**a good source of information/a wealth of information** 情報通

**a piece of information** １つの情報

**for information only** 《会話》ご参考のみ

**for sb's information** 人の参考までに

**For your information** 《会話》ご参考までに（FIY と略す）

**manipulation of information/information manipulation** でっちあげ操作

**mouth secondhand information** 受け売りする

**secondhand information**　またぎぎ

**too much information!**　《会話》《略式》もう言わなくていい！

---

┃　コラム　┃

### it looks that S+V　S は V のようだ

ポイント：it looks as if/as though/like（まるで〜ようだ）と異なり，it looks that S＋V は断定的表現になっています．これは，it seems that S＋V の類推により成り立ったと考えられます．このような変化を受けて，it appears/feel/look/seem/sound の補文構造は，下記のように変化しています．

|  | appear | feel | look | seem | sound |
|---|---|---|---|---|---|
| to 不定詞 | ○ | × | ○ | ○ | × |
| (to sb) that 節 | ○ | ○ | ○ | ○ | ○ |
| like 節 | × | ○ | ○ | ○ | ○ |
| as if 節 | ○ | ○ | ○ | ○ | ○ |

（井上 2018: 98）

## job 仕事

**仕事，職，勤め口**

形容詞＋job：temporary（臨時雇用の），permanent（終身雇用の），part-time（パートタイムの），full-time（フルタイムの），steady（定職），dead-end（将来性のない），good（良い），low-paid（低賃金の），well-paid（高給の），menial（単調な），rewarding（やりがいのある），demanding（きつい），semi-skilled（半熟練の），skilled（熟練の），unskilled（未熟練の），proper（真っ当な）

動詞＋job：have（就いている），apply for（申し込む），offer sb（人に仕事を与える），get/find（得る），land（得る），take（就く），hold down（続ける），lose sb's（失う），leave/quit sb's（辞める），be out of（失業する）

job＋名詞：interview（面接），description（職務範囲），applicant（就職申し込み），title（職位），seeker（求職者），sharing（ジョブシェアリング），offer（採用通知），vacancy（職の空き），market（求人市場），agency（就職斡旋所），hunting/hunt/search（就職活動）

フレーズ

**a job for Superman**　スーパーマンの仕事

**a job-related disease**　職業病

**a nose/boob job**　《略式》鼻／胸の整形手術

**a shortage of job applicants**　求人難

**be just the job**　(BrE)《会話》まさにおあつらえ向きである

**be perfect for/in the job/role**　ハマり役である

**be worthy of a better job/role**　もっと良い仕事/役目がふさわしい

**do a good/great job**　いい仕事をする

**do a job on ...**　《略式》...を打ちのめす，ぶち壊す

**do the job**　《会話》それで十分事足りる，それで間に合う

**give sth up a bad job**　(BrE)《略式》...が成功しないとあきらめる

**good job**　(AmE)《会話》よくやった！

**hatchet job**　悪口，酷評

**have a job doing/to do sth**　(BrE)《略式》...することが難しい

**have a job on your hands**　《略式》大きな課題に直面する

**I'm only/just doing my job.**　《会話》やるべきことをしているだけです

**(It's a) good job ...**　(BrE) ...は幸いである

**It's more than my job's worth.**　(BrE)《会話》(仕事を失うかもしれないので) それはできない

**job done**　《略式》仕事が終わりました

**job lot**　(BrE) まとめて売られている物

**job of work**　(BrE) やらなければいけない仕事

**jobs for the boys**　(BrE)《略式》仲間に回す仕事

**loaf on the job**　のらくら仕事をする

**make a good/poor job of (doing) sth**　(BrE) ...の仕事をうまくやる/...の仕事が下手である

**make the best of a bad job**　(BrE)《略式》悪い状況を最善の策で乗り切る

**odd jobs**　雑用

**on the job**　(1) 仕事中に　(2) 特別な仕事に就く　(3) (BrE)《会話》《略式》セックス中に

**the right person for the job**　適材適所

## know 動詞

**(1) 知っている，わかっている**

| know + 副詞 / 副詞 + know |：very well（よく），for sure / for certain（確かに）

| know + 前置詞 |：about / of（〜について）

**(2) 気づいている，わかる**

| know + 副詞 / 副詞 + know |：exactly（はっきりと），precisely（正確に），immediately / instantly（すぐに），intuitively（直感的に）

**(3) 経験的に知っている**

| know + 副詞 |：well（よく），poorly（不十分に），barely / hardly（ほとんど〜ない），personally（直接的に，個人的に）

| 動詞 + know |：get to know sb / sth（（人と）知り合いになる，（何かを）よく知るようになる）

[ 句動詞 ]

**know A (sb / sth) from B (sb / sth)**　A と B の区別ができる

**know of**　（間接的に）〜について知っている　cf. not that I know of（→ フレーズ参照）

[ フレーズ ]

**as we know it**　私たちが知っている

**as you know**　《会話》ご存じのように

**be commonly / popularly / collectively / variously / locally / formerly / previously known as ~ (to) ...**　一般的に / 総称して / 様々に / 地

元で/以前は…に〜として知られている

**be known for sth sth**  で知られている

**be known to sb**  …に知られている

**be widely known**  有名である

**before you know it**  あっという間に

　cf. a know-it-all（軽蔑的，皮肉的に）（何でも）知ったかぶりをする人

**Do you know what I mean?/I know what you mean.**  私の言っていることがわかりますか？/あなたの言っていることはわかります

**God/Goddess/Heaven knows.**  《会話》(1) 神のみぞ知る  (2) 誰が知っているのだろうか[Who knows? の形でも使用される]

**How should I know?/How am I to know?/How do I know?**  《会話》（イライラして）そんなこと知るわけない

**I don't know.**  (1) 知らない，わからない[I don't know whether ～ も有]  (2) そうは思わない[I don't know that ～ の形も有]  (3)（意見を述べる皮切りに）どう思っているかはわからないけれど  (4) [I don't know what/why/how, etc の形で]（批判して）〜とは思わない

**I don't know how to thank/reply you.**  《会話》あなたに何と御礼/お返事をすれば良いのでしょうか

**I know**  (1) その通り  (2) わかっているけれど  (3) そうだ，いいですか

**if you must know**  《会話》どうしても知りたいのであれば言いますが

**It is (widely) known that/who/why/what, etc.**  《形式》〜のことは（広く）知られている

**have know-how**  処世術に長けている  cf. have savvy《略式》でも可

**know a lot of people**  顔が広い  cf. know everybody who is anybody（有名人や有力者に）顔が広い

**know a thing or two**  よく知っている

**know all about ~**　〜について熟知している

**know all along**　お見通しだ

**know all there is to know about ~**　〜通である

**know best**　熟知している

**know better**　分別がある　cf. know the difference between right and wrong/know right from wrong も同じ意味

**know how to get ahead**　世渡りがうまい

**know how to get along**　（人間関係，食べ物，生活などに）無難にやっていく

**know how to get around**　（場所や状況などを）ある程度わかっている

**know how to handle sb**　（人を）手玉にとる　cf. run rings around sb も可

**know how to handle/treat people**　人のあしらい方がうまい

**know how to hold sb's tongue**　言っていいこと悪いことをわきまえる

**know how to swim with the tide**　要領がいい　cf. a smooth operator 要領がいい人

**know no bounds**　《会話》青天井である

**know one's job/subject/stuff**　仕事/科目がよくできる，熟知している

**know sb by sight/know sb's face**　顔見知りである

**know sb inside out**　気心が知れている

**know sth inside out** ((BrE) **know sth backwards**, (AmE) **know sth backwards and forwards**) sth …について精通している

**know the ropes**　コツの全てを掴む（その結果，（仕事で）熟達する）cf. get the hang of ~ も可

**Not that I know of**　《会話》私の知る限り，そうでないと思います

**That's all sb knows.**　《会話》バカの一つ覚え

**Those who know, know (well)/Those in the know**　知る人ぞ知る

K

**You know something?** 《会話》ちょっと言っておくけど

```
┌─ コラム ─────────────────────────────────────┐
│                                                    │
│  **know the ropes, learn the ropes, find the ropes の違い** │
│                                                    │
│  ポイント：learn the ropes は，他者から力を借りて仕事などの │
│  いい面のコツを学ぶという意味で使用され，それにより仕事等で │
│  うまくいく可能性があるという意味を含みます．その次の段階と │
│  して，find the ropes が使用されます．find the ropes は自分で │
│  努力をして仕事などのいい面のコツを見つける意味で，それより │
│  仕事等でうまくいく可能性があるという意味になります．find │
│  the ropes は，try to find the ropes, struggle to find the ropes │
│  の形で使用される傾向にあります．learn the ropes, find the │
│  ropes の段階を経て，know the ropes（仕事などの努力をして全 │
│  ての水も甘いも知り尽くし，その仕事などで熟達する）が使用さ │
│  れます．それぞれの違いは，下記のとおりです．         │
│    learn the ropes：[＋自発的], [＋良いコツ], [±仕事などでう │
│      まくいく可能性]                               │
│    (try to, struffle to) find the ropes：[＋自発的], [＋努力する], │
│      [＋良いコツ], [±仕事などでうまくいく可能性]      │
│    know the ropes：[＋自発的], [＋努力する], [＋熟練して，熟達 │
│      して], [＋水も甘いも知り尽くす], [＋仕事などでうまくいく] │
└────────────────────────────────────────────────┘
```

**know the score** 《会話》実情，内幕を知る

**know what's what (in ~)** 《会話》（〜について）違いがわかる

**know your own mind** 《会話》気持ちがはっきりしている，決心し
ている

**know your way around sth** (1)（物事など）について熟している
(2)（場所）をよく知っている

**knowing my luck**（不吉な予感がする際に使用して）自分の運はわかっているけれど

**let it be known/make it known (that)**《会話》事前に知らせる

**let sb know sb**（人）に知らせる

**make oneself known** 自己宣伝する，売り込む

**not know any better** 分別がない

**not know how to dress**（服装が）野暮だ，洗練されていない

**not know how to fix** じっとしてられない cf. can't sit still が簡潔な表現

**not know how to let go and move on** 粘着質である cf. be sticky が簡潔な表現

**not know sb's place**《会話》立場をわきまえない，身の程を知らず cf. not know sb's limitations も可

**not know the first thing about ~** ～のイロハも知らない

**not know the meaning of fear** 恐れというものを知らない，大胆不敵な cf. fearless が簡潔な表現

**not know what hit you**《会話》（予測していない悪いことが起きて）ショックを受ける，困惑する

**not know what to do with ~** ～をどうしていいかわからず持て余す

**not know when sb is beaten** 往生際が悪い

**not know when to give up** 諦めが悪い cf. know how to lose gracefully 諦めがいい

**not know when to quit** やめ時がわからない

**not know where to rest sb's eyes** 目のやり場に困る cf. not know where to look が簡潔な表現

**not know whether you are coming or going**《会話》とても困惑している

**not want to know** (BrE),《会話》興味がない，関わりたくない

**ought to know enough to ~** ～することが粋である

K

**pretend not to know**　シラをきる　cf. pretend not to know to the end 最後までシラを切り通す

**pretend to know all the answers**　知ったか振りをする　cf. pretend to have all the answers も可

**the next thing sb knew sb**　（人）が気づくと

**there's no knowing**　《会話》どうなることやらわからない，予断を許さない

**you don't know**　《会話》全くわかりっこない

**you know what**　《会話》(1) あのですね（皮切り，文の冒頭）　(2) ところで（話題転換，文の中頃）　(3) いいですか（強調，文の中頃，and/but you know what のパタンで）　(4) えーと（間詰め，文の中頃）　(5) それから（情報補足，文の中頃，and/also you know what のパタンで）　(6) 例のあれ（代用，前置詞の目的語）

---

コラム

### you know と you know what の違い

ポイント：you know は you と know が持つ語義の意味が薄れており，文脈をつなぐために用いられます．それに対して，you know what は you, know, what のそれぞれの意味が失われることなく使用されています．しかし，間詰めの場合は you know と同じように意味が失われています．

---

**(well) what do you know**　《会話》（驚きを表して）え，何，知らなかった

**you know who**　《会話》例のあの人［すでにわかっている人，言い難い人をいう際に使用される］

**you never know**　《会話》先のことはわからない

## lady 名詞

**女性，婦人，レディー**

形容詞＋lady : young（若い）, old（老）, middle-aged（中年）, bag（ホームレス）, cleaning（掃除）, first（大統領）, leading（主演）

lady＋名詞 : friend（友達）

**フレーズ**

**a lady of leisure** 有閑婦人

**It ain't/isn't over until the soprano/lady sings.** 最後までどうなるかわからない

☞ 本来は，It ain't//isn't over until the fat lady sings. というフレーズでした．これは，オペラの最後でふくよかなソプラノ担当の女性が舞台で歌うことで，そのオペラが終わるという場面からできたものです．現在のオペラの最後に出てくるソプラノの女性は，厳しい体重管理などでふくよかではありません．また fat のように人の容姿を述べることをも適切とは言えません．It ain't/isn't over until the soprano/lady sings. は，このような現況によりできたフレーズです．

**ladies and gentleman** 《会話》みなさん［今は性差を問わない everyone, everybody, participants, passengers などを使用する］

**quite the little lady** おしゃまな

## | **land** 名詞

### (1) 土地, 土壌

形容詞＋land ： fertile/rich（肥沃な）, vacant（空き地）, open（開けた）, agricultural/arable/farm/farming（農地）, waste/wild（荒地）, underdeveloped（未開発地）, virgin（未開墾地）, pasture（牧草地）, ranch（牧場）, industiral（産業用地）, housing（住宅地）, building（建物用地）, private（私有地）, public（公用地）, flat（平坦地）, coastal（沿岸地）, forest（森林地）

動詞＋land ： have/own（所有する）, acquire（手にいれる）, buy/purchase（購入する）, cultivate（開拓する）

フレーズ

**a piece of land**  一区画の土地

**a plot/parcel of land**  一小区画

**a strip of land**  細長い土地

**a tract of land**  一地帯

**an acre/hectar of land**  広大な土地

### (2) 陸, 陸地

形容詞＋land ： dry（陸地）

land＋名詞 ： animal（生物）, war（地上戦）

前置詞 ： by land（陸地で）, on land（陸で）

### (3) 国

形容詞＋land ： foreign（外国）, native（母国）

フレーズ

**all through the land/nation**  全国津々浦々

**(4) 田舎，農地 [the land で]**

フレーズ

**go back to the land** 田舎に帰る

**live off the land** 田舎のものを食べて暮らす

**work/farm the land** 農地を耕す

**(1)(2)(3)(4)以外の意味で使用されている land のフレーズ**

**be/live in cloud-cuckoo-land** お花畑にいる（けなした言い方）

**in the land of the living** 目が覚めて

**see/find out how the land lies** 《会話》(行動を起こす前に）情報を
探る

**the land of milk and honey** 理想の場所

**the lie of the land** 地勢

## ▌ **language** 名詞

**言語，言葉，言葉遣い**

形容詞＋language：foreign（外国語），first（第一），native（母語），
second（第二），official（公用語），common（共通語），dead（死語），
natural（自然），computer（コンピューター），programming（プロ
グラミング），spoken（話し言葉），written（書き言葉），colloquial
（口語），informal（くだけた），formal（改まった），sign（手話），
body（ボディランゲージ），legal（法律用語），technical（専門用語），
bad/foul（下品な），plain（わかりやすい），strong（激しい），abu-
sive（口汚い），fancy（美辞麗句），high-flown（華美な言葉遣い）

動詞＋language：speak（話す），use（使用する），learn（学ぶ），
master（マスターする），know（知っている），mind/watch（気を付
ける）

language＋名詞：barriers（壁），student/learner（学習者），teacher

（教師），teaching（教育），course（コース）

フレーズ

**command of a language**　言語運用能力

**knowledge of a language**　言語の知識

**mastery of a language**　言語の熟達度

**speak/talk the same language**　考えが同じである，うまが合う


| **laugh**　名詞

笑い，笑い声

形容詞＋laugh ： good（楽しい），big/loud（大きな），little/small/
short（小さい），soft（軽い），belly（抱腹絶倒），forced（作り），po-
lite（愛想）

動詞＋laugh ： give/let out/have（笑う），draw（BrE）/get（笑いを
招く），get ~ out of sb（人を笑わせる），stifle/hold back（笑いを噛
み殺す）

前置詞 ： laugh about/at/over …（…についての笑い），with a laugh
（笑いとともに），for a laugh（BrE）/for laughs《略式》（おもしろさ
のために）

フレーズ

**(almost) split one's side laughing**　抱腹絶倒する

**be (always) good for a laugh**　(1) いつも面白いこと　(2) いつも
楽しい人

**be a laugh a minute**　《略式》とてもおもしろ人/こと

**have the last laugh**　結局成功する

**I could use a laugh.**　面白い話が聞きたい

**let out a roar of a laugh**　豪傑笑いをする

**that's a (big) laugh.**　《会話》とんだお笑いぐさだ

## ▌ laugh 動詞

笑う

副詞 ： out loud （大声で）, heartily （心から）, gently （そっと）, to-
gether （一緒に）

前置詞 ： laugh at/about ... （... を笑う）

### フレーズ

**be laughed out of court/be laughed out of town/business**
（AmE）一笑に付される

**be laughing** （BrE）《会話》《略式》調子のいい立場にいる

**be laughing all the way to the bank** 《略式》簡単に儲かって笑い
が止まらない

**burst out laughing** どっと笑う

**can't help laughing** 笑わずにはいられない

**don't make me laugh** 《会話》笑わせないでよ，よく言うよ，バカ
言わないでよ

**He who laughs last laughs hardest.** 最後に笑うものが勝つ

**(It's) no laughing matter.** 《略式》笑い事ではない

**laugh in sb's face** 人に面と向かって嘲笑する

**laugh like an idiot** ヘラヘラ笑う

**laugh up your sleeve** ほくそ笑む

**not know whether to laugh or cry** どんな感情でいればよいかわ
からない

**you have to laugh** 《会話》（笑えない状況でも）笑うよりない

**you will be laughing on the other side of the face** 《会話》笑顔か
ら一転泣きを見る

### 句動詞

**laugh at** （他動詞）(1) 嘲笑う [laugh at sb behind their back （陰で

嘲笑う）］　(2) 一笑に付す

**laugh off/away**　（他動詞）... を笑い飛ばす

---

## ▌　law　名詞

### 法，法律

形容詞＋law ： strict/tough（厳しい），tax（税），copyright（著作権），divorce（離婚），criminal（刑法），civil（民法），international（国際），federal（連邦），libel（名誉毀損），case（判例），administrative（行政），bankruptcy（破産），constitutional（憲法），abortion（中絶），common（慣習）

動詞＋law ： obey（従う），break（犯す），pass（通過させる），become（なる），make（作る），introduce（導入する），enforce（適応する），repeal（廃止する）

law＋動詞 ： prohibit ...（... を禁ずる），allow ...（... を許可する），apply to ...（... を適応する）

law＋名詞 ： court（法廷），case/suit（訴訟），violation（違反），reform（改正），clerk（学生/助手），license（弁護士免許），office（事務所）

前置詞 ： against the law（法に反して），by/under the law（法の下で），above the law（法を超えて），within the law（法の範囲内で），law against ...（... を禁止する法）

フレーズ

**a law full of loopholes**　ザル法

**be the law unto yourself/herself/himself**　慣例を無視する，思うようにする

**go to law**　訴訟を起こす

**lay down the law**　頭ごなしに命令する

**no-touch law**　（仕事中の身体には）触れてはいけない法律

**sb's word is law**　鶴の一声

**sod's law**　（BrE）不運の法則

**take the law into your own hands**　私刑を加える

**the law of the jungle**　(1) 弱肉強食の世界　(2) 自己中心的な考え

**the law of averages**　平均の法則

**there ought to be a law against sth**　《会話》…を許すわけにはいかない

**there's no law against sth**　《会話》…をして悪いわけがない

**unwritten law**　不文律

## | letter　名詞

### (1)　手紙，文書

形容詞＋letter：long（長い），short（短い），formal（儀礼的な），official（公式），informal（非公式の），airmail（航空便の），regis-tered（書留郵便の），anonymous（匿名の），covering（BrE）/cover（AmE）（添え状），thank-you（お礼の），love（ラブレター），suicide（遺書），resignation（辞表），acceptance（採用通知），dead（配達不能の）

動詞＋letter：get/receive（受け取る），write（書く），send（送る），post（BrE）/mail（AmE）（投函する），answer/reply to ...（…に返事を書く），open（開ける），read（読む）

letter＋動詞：come/arrive（届く），be addressed to sb（人宛の手紙である），be lost（行方不明になる），be dated ...（手紙の消印は…である）

letter＋名詞：box（郵便受け），opener（レターオープナー），bomb（爆弾）

前置詞：letter from ...（…からの手紙），letter to ...（…への手紙），

L

letter about/concerning/regarding … (…についての手紙), letter of … (…の手紙)

**a letter of intent** 念書, 証文

**follow/obey sth to the letter** …に一言一句従う

**follow the letter but not the spirit** 仏作って魂いれず［法律の字句には従うが, その精神は蔑ろにしていること］

**man of letters** 文壇の重鎮

**the letter of the law** 法律の条文

**(2) 文字**

形容詞＋letter : capital (大), small (小), intial (頭)

コラム

**let's say** (1) 例えば (2) いや違って (3) えーと

ポイント：let's say は, 会話で使用されるフレーズです. (1) の意味の場合, let's say が直接, 名詞 (句) を従える場合と節を従える場合があります. 前者は文中で用いられ, like, say, or とともに使用される傾向にあります. 後者は, 文頭もしくは文中で用いられ, so, now, for example とともに使用されることがあります. (2) の場合, let's say は前言の訂正の機能を持ち, 例えば in the morning, or let's say at the midnight (午前中に, いや夜中に) のように or を伴って使用されることがあります. (3) は, 会話中のポーズを埋めるために使用される let's say です.

## █ **level** 名詞

**(1)　程度，レベル**

形容詞 + level ： high（高い），low（低い），record（記録的に高い），noise（騒音），pollution（汚染），price（価格），stress（ストレス），energy（エネルギー），increasing（上昇中の），decreased（減少），acceptable（許容），unacceptable（許容できない），crime（犯罪），poverty（貧困）

動詞 + level ： achieve（実現する），reach（達する），maitain（維持する），remain/stay at ...（... のレベルにとどまる），increase（高める），reduce（下げる），set（設定する），regulate（調整する），exceed（超える），measure（測定する）

level + 動詞 ： rise/go up/increase（上がる），fall/go down/decrease（下がる），exceed ...（... を超える）

**(2)　水準，レベル**

形容詞 + level ： basic（基礎），intermediate（中級），advanced（上級），degree（学位），grade（学年）

動詞 + level ： attain/reach（達する），complete（クリアする）

前置詞 ： above a level（レベルを超えて），at a level（レベルで），below a level（レベル以下で）

**(3)　地位，階層，レベル**

形容詞 + level ： high（高い），uppper（上層部），low（低い），global（地球的），international（国際的），local（地域），national（全国的），grass-root（草の根）

動詞 + level ： reach to ...（... に達する）

（ **(1) (2) (3) 以外の意味で使用されている level のフレーズ** ）

**be on the level**　《略式》正直に

L

**stop/descend/sink to sb's level**　悪い振る舞いをする

## level　形容詞

平らな，水平な

フレーズ

**a level playing field**　公平な条件，同じ土俵

**do you level best (to do)**　最善を尽くす

**draw level with ...**　...と対等である

**level teaspoon/cup of ...**　スプーン/カップすり切り一杯の...

**level voice/look/gaze**　平静な声/凝視

## level　動詞

平らになる，ならす

句動詞

**level at ...**　(他動詞) (1) (level sth at sb で) 人に...（武器など）を
　向ける　(2) (level against sb とも) (人を) 非難する，責める

**level off/out**　(1) (他動詞) ...を平らにする　(2) (自動詞) 水平飛
　行をする　(3) (自動詞) 横ばいになる，安定する

**level up ...**　(他動詞) ...の水準を上げる

**level with ...**　《略式》(他動詞) ... (人に) 誠実になる

## life　名詞

**(1)　人生，一生，生涯**

形容詞＋life：long (長い)，short (短い)，whole (全)，later (晩年)，
　adult (成人のころ)

動詞＋life：spend (過ごす)，devote (捧げる)，end (終える)

[life＋名詞]：imprisonment（終身刑），sentence（無期懲役），expectancy（平均余命），span（寿命），partner（生涯のパートナー）

[前置詞]：for life（一生涯の），in sb's life（生涯で），through sb's life（一生を通して）

[ フレーズ ]

**all sb's life**　一生涯

**for the rest of sb's life**　残りの人生

**ins and outs of life**　人生の曲折，人生の綾

**later in life**　晩年になって

**life's a bitch**　《会話》人生はつらいものだ

**life's too short**　《会話》人生は短い

**the end of sb's life**　人生の終わり

**(2)　命，生命**

[動詞＋life]：save（救う），risk（危険にさらす），lose（落とす），take/claim/cost（奪う），give/lay down（捧げる），endanger（脅かす），fight for（生きるために戦う），cling to（生に執着する）

[ フレーズ ]

**a matter of life and death**　死活問題

**at the risk of sb's life**　命がけで

**come to life/roar into life/splutter into life**　息を吹き返す

**life and limb**　《形式》生命と身体

**not be worth risiking sb's life**　命あっての物種，命をかけるほどの価値はない

**owe your life to sb**　人は命の恩人である

**take your life in your hands**　命を危険にさらす

[ (1) (2) 以外の意味で使用されている life のフレーズ ]

**a life of its own**　(1) 一人でに動く　(2) (take on a life of its own

で) 一つになる

**a life plan**　人生設計

**a new lease of life**　元気を取り戻すこと

**as large as life**　(1) 等身大の　(2) まぎれもなく

**breathe new life into ...**　...に新風を吹き込む

**cannot for the life of me**　《会話》どんなに努力しても変わらない

**for dear life**　命がけで

**get a life!**　《会話》くだらない

**have looked at life from both sides/have known both the bitter and the sweet**　酸いも甘いも知っている

**have the form but not the life/spirit**　仏作って魂入れず

**have the time of your life**　心から楽しむ，楽しく過ごす

**high life**　優雅な生活，上流階級の生活

**hold the power of life and death**　生かすも殺すも～次第 [make or break の方が普通の言い方]

**how's life?**　《会話》調子はどう？

**lay sb's life on the line**　体を張る

**Life is not a bed of rose.**　人生は茨の道だ

**life-size**　等身大の

**live a life of ease**　悠々自適の生活を送る

**live/lead/have the life of Riley**　《略式》安楽に過ごす

**make life worth living/give sb's life meaning**　生きがいがある

**make little difficult/easier**　やりづらい/やり易い

**never (before) in (all) sb's life**　後にも先にも

**Not on your life**　(頼み事を断る際に) まっぴらだ

**... of sb's life**　一世一代の...

**quality of life**　生活の質 (略して QOL と言う)

**sb's life philosophy**　人生観

**Such is life./That's the way life goes./That's life.**　世の中とはそ

んなもんだよ

**take a new lease on life** 心機一転する

**the life and soul of the party** (BrE)/**be the life of the party** (AmE) 人気者である

**the sb's next life/the sb's life after death** 来世

**the shock/surprise/game of sb's life** 最大のショック/驚き/ゲーム

**the woman/man in your life** パートナー

**there's life in the old dog yet** 《会話》老いてもなお元気である

**this life** 浮世

**true to life** 真に迫った

**walk of life** 職業，仕事

**while there is life on sb/as long as sb is alive** 目の黒いうちは

**While there's life, there's hope.** 生きていれば望みも出てくる

## light 名詞

### (1) 光，明るさ

形容詞＋light： bright（明るい）, storong（強い）, binding（目がくらむような）, dim（淡い）, poor/bad（不十分な）, soft（やわらかな）, cold（冷たい）, morning（朝の）, dawn（朝焼けの）, natual（自然）, arfiticial（人工の）

動詞＋light： produce/emit/cast（放つ）, reflect（反射する）

light＋動詞： shine（放つ）, come from ...（...からの）, steam（差し込む）, flood in（満ち溢れる）, illuminate（照らす）, fade（弱まる）

前置詞： by the light of ...（...の光によって）, in the light of ...（...の光の中で）, in/into the light（光の中へ）

L

フレーズ

**a beam/ray/shaft of light**　光線

**a flash of light**　閃光

**a pool/circle of light**　光の輪

## (2)　照明, ライト

形容詞+light ： bright（明るい）, blinking（点滅する）, flourescent
（蛍光灯）, bedside（ベッド）, ceiling（天井灯）, outside（外灯）,
porch（玄関灯）, security（防犯灯）, brake（ブレーキランプ）, fog
（フォグランプ）, hazard（ハザードランプ）

動詞+light ： switch on/turn on（つける）, switch off/turn off（消
す）

light+動詞 ： come on/go on（照明がつく）, fuse（フューズが飛ぶ）

フレーズ

**a leading light in/of sth**　《略式》…で指導的な人

**be all sweetness and light**　とても平和で友好的である

**be/stand in sb's light**　人の邪魔になる

**come to light/bring sth to light**　…が明るみになる

**first light**　夜明け

**go/be out like a light**　《略式》寝落ちする

**have your name in lights**　《略式》映画の世界で有名になる

**hide sb's light under a brusel**　自分の才能を隠す

**in a new/different/bad light**　新しい/異なった/都合の悪い状況で

**in the cold light of day**　現実的に考えてみると

**in the light of sth**（BrE）/**in light of sth**（AmE）　…の視点から

**keep sb's light under a basket**　能ある鷹は爪を隠す

**punch/put sb's light out**　《略式》人の頬を叩く

**see the light**　(1) 目から鱗が落ちる　(2) 入信する

**see the light (of day)**　(1) 日の目を見る　(2) 公表される

**see the light at the end of the tunnel**　めどがつく

**set light to sth**　…に火をつける

**throw/shed/cast light on sth**　…に解決の光を与える

**the light of sb's life**　最愛の人

**the lights are on but no one's home**　頭の中が空っぽだ

## ▌ **limit** 名詞

**限界，限度，制限**

形容詞＋limit： upper（上限），lower（下限），strict（厳格な），legal （法定制限速度），speed（速度），time（時間），age（年齢），weight （重量），height（高さ），spending（利用額の），term（期間）

動詞＋limit： set/impose（課す），put a limit on …（…に制限を設 ける），exceed/go over（超える），reach（達する），stretch（挑む）

前置詞： off limits（立ち入り禁止区域），within limits（制限内で）, be over the limits（制限内で）

フレーズ

**have sb's limits**　《略式》限界を超える

**know sb's limits**　《略式》身の程を知る

## ▌ **list** 名詞

**リスト，表**

形容詞＋list： long（長い），short（短い），complete/full（完全な）, comprehensive（総合），price（価格），shopping（買い物），grocery （食料雑貨），wine（ワイン），waiting（順番待ち），mailing（メーリ ング），guest（来客者），to do（用件），reading（必読書）

動詞＋list： make/draw up/write（作る），compile（作成する），put

L

sb/sth on ~ (…をリストに載せる), top (筆頭である)

前置詞 : in/on a list (リストの中に), list of … (…のリスト)

フレーズ

**a list of the largest income earners** 長者番付

**at the top/bottom of a list** リストの最上位/最下位

**be high/low on the list** 順位が高い/低い

**be on the danger list** 危篤である

**enter the lists** (BrE)《略式》(議論, 論争に) 参加する, 参戦する

**first/last on a list** リストの最初/最後

# love 名詞

**愛, 愛情, 恋人**

形容詞+love : true (本物の), romantic (ロマンティックな), sexual (性愛), unrequited (片思い), unconditional (無条件の), first (初恋), impossible (叶わぬ)

動詞+love : be in ~ (恋している), fall in ~ (恋に落ちる), find (愛を見つける), return (愛してくれる人を愛す), fall out of ~ (恋から冷める), make (セックスする)

love+動詞 : blossom (愛の花が咲く), grow (育つ)

love+名詞 : song (ラブソング), story (ラブストーリー), letter (ラブレター), triangle (三角関係), affair (情事)

フレーズ

**a love of learning** 向学心

**a love sb keeps to oneself** 胸に秘めた恋

**All is fair in love and war.** 愛と戦争は手段を選ばない

**be a love and …/… there's a love** (BrE)《会話》お願い, …して

**be consumed with love for …** …に身を焦がす

**be in love with oneself**　うぬぼれる

**commit love suicide**　心中をする

**deeply in love**　すっかり恋して

**fall back in love with**　惚れ直す

**head over heels in love**　首ったけである，ぞっこんである

**love and affection**　愛情と慈悲

**love at first sight**　一目惚れ

**love (from sb) /lots of love /all my love**　（手紙などの最後に）愛を
　込めて

**madly in love**　狂おしいほど恋して

**(my) love**　(BrE)《略式》(1) 愛しい人よ　(2) ねえ，あなた

**not for love or /nor money**　《略式》(愛やお金を与えようが) 絶対
　にしない

**puppy love**　ままごとの恋

**send /give your love to sb, send /give sb your love**　《会話》人に
　よろしく

**the love of your life**　生涯の恋人

**there's no love lost between A (sb) and B (sb)**　A（人）と B（人）
　の間には憎しみしかない

L

コラム

### make angry/mad　怒る

ポイント：英語には怒りを表すフレーズが多数あります．この自動詞用法の make angry/mad は，get angry/mad の類推によりできたフレーズです．make mad はことわざ起源のフレーズで，古い使い方が化石化して残っているものです．

### make O to V　O に V させる

ポイント：これまで，使役を意味する構文は [make O V] が容認されてきました．しかし，現代英語では [make O to V] の例が観察されます．[make O V] 以外に使役を意味する構文として [have O V]，[let O V]，[get O to V] があります．これらの構文も，[have O to V]，[let O to V]，[get O V] に変化した例が観察されます．このような言語現象は，意味が類似しているフレーズは，それらの形式にも影響を与えるという類推に働きにより生じたものです．

---

## ▌matter　名詞

**事柄，事態，問題**

形容詞＋matter ：serious/important/weighty（重要な），urgent（緊急の），small/trivial（ささいな），simple/easy（簡単な），personal/private（個人の），financial（金融），legal（法的な），religious（宗教的な），practical（具体的な）

[動詞 + matter] : discuss (議論する), raise (取り上げる), consider/
  investigate (調べる), settle/resolve (解決する), pursue (追求す
  る), let ~ rest/drop (そのままにしておく)

[前置詞] : matter for ... (... のための問題)

[ フレーズ ]

**a matter for debate**　討論の問題

**a matter of concern**　関心事

**a matter of degree**　程度問題

**a matter of importance**　重要な問題

**a matter of life and death**　→ life のフレーズ　死活問題

**a matter of seconds/weeks/hours**　ほんの数秒/数週間/数時間

**as a matter of ...**　... の事柄, 問題, 用件

**as a matter of course/routine**　当然のことながら

**as a matter of fact**　《会話》実際のところ, 実はお願いがあるので
  すが

**as a matter of interest**　(BrE)《会話》好奇心から

**as a matter of urgency**　緊急を要する問題

**be a matter of opinion**　意見がわかれるところ

**be a matter of (personal) taste/preference/choice**　好みの問題

**be a matter of principle**　主義の問題

**be no laughing matter**　笑い事ではない

**be (quite) a different/another matter**　(BrE) 別問題である

**for that matter**　《会話》それについて更に言うなら

**It doesn't matter at all.**　全く問題にならない, 痛くも痒くもない

**it's a matter of fact (that) ...**　実は ... である

**It's (all) a matter of how you look at it./It (all) depends how
  you look at it./It (all) depends on your point of view.**　ものは
  考えよう

**it's only / just a matter of time**　時間の問題である

**matter-of-fact**　淡々とした，事務的な

**mind over matter**　問題よりも精神

**no matter**　それはどうでもいい

**no matter that ...**　たとえ…であれ

**no matter what**　《会話》たとえ何でも

**no matter what/how/whether**　たとえ何であれ/たとえどんなに/
　…かどうか関係なく

**not mine matters**　遠慮なくはっきり言う

**reading / printed matter**　読み物

**subject matter**　主題

**take matters into your own hands**　自分で対処する

**the heart / crux of the matter**　問題の核心

**the little / small matter of sth**　《会話》ちょっとした…

**the matter in hand** (BrE) **/ at hand**　対処する問題

**the truth / fact of the matter is (that)**　《会話》実際は

**there's nothing to matter.**　問題なし

**to make matters worse**　さらに悪いことに

**What's the matter?**　どうしたの？

## meaning　名詞

### (1)　意味

形容詞＋meaning ： precise/exact（正確な）, hidden（隠れた）,
　double（二通りの）, literal（文字通りの）, figurative/metaphorical
　（比喩的な）, true（本当の）, intended（意図した）

動詞＋meaning ： take on（獲得する）, understand/grasp（理解す
　る）, know（知る）, take sb's (BrE) / get sb's（人の言っていること
　を理解する）, bear/carry/have（持つ）, convey（伝える）, decipher

M

（解読する）

前置詞 ： meaning of ...（...の意味）

フレーズ

**layers/shades of meaning**　意味の微妙な差

## (2)　意義

形容詞＋meaning ： deep（深い），real（本当の），intrinsic（本来備わった）

動詞＋meaning ： have（意義がある），lose（失う），find（見つける）

前置詞 ： meaning of ...（...の意義），meaning to ...（...への意義），meaning for ...（...への意義）

(1)(2) 以外の意味で使用されている **meaning** のフレーズ

**deep with meaning/pregnant with meaning**　意味深な，含蓄のある

**know/not know the meaning of sth**　《略式》...かどういうことか理解している/していない

**What's the meaning of this?**　《会話》これはどういうことなの？

## meeting　名詞

**会議，ミーティング**

形容詞＋meeting ： committee（委員会），board（取締），annual（年1回の），monthly（年1回の），weekly（月1回の），open/public（公開），general（総会），private/closed（非公式），summit（トップ），business（仕事の），emergery/urgent（緊急）

動詞＋meeting ： have/hold（開催する），attend/go to（出席する），call/convene（招集する），arrange（設定する），chair/preside over（議長を務める），address（演説する），adjourn（中断する），cancel

(中止する)，postpone（延期する），host/organize（主催する），cut/
ditch（サボる）

meeting＋動詞 ：take place（開催される），close/conclude（閉会す
る），start（始まる）

meeting＋名詞 ：hall（会議室），planner（企画者），agenda（議題），
schedule（日程）

前置詞 ：meeting about/over …（…についての会議），meeting with
…（…との会議），meeting of …（…の会議），meeting between …
（…間の会議），at a meeting（会議で），in a meeting（会議中に）

フレーズ

**a meeting of minds**　意見の一致

**the minutes of meeting**　会議の議事録

## member　名詞

**会員，メンバー，一員**

形容詞＋member ：committee（委員会），family（家族の），leading
（有力な），senior（上位の），junior（下位の），active（積極的な），
founder（創設），full（正会員），associate（準会員），life（終身会員），
honorary（名誉会員）

動詞＋member ：become（なる），recruit（募集する）

member＋動詞 ：state/country/nation（加盟国）

前置詞 ：member of …（…の会員）

フレーズ

**a member of a committee**　委員の一員

**a member of society**　社会人

**a member of staff**　スタッフの一員

**a member of the public**　一般人

## █  memory 名詞

### (1) 記憶（力）

形容詞＋memory：good（良い），excellent（優れた），bad/poor（悪い），terrible（ひどく悪い），short-term（短期），long-term（長期），visual（視覚的），photographic（写真），faint/ vague/ dim（うろ覚え）

動詞＋memory：remain/stay/stick in（留める），refresh/jog（呼び起こす），lose（失う），commit sth to ~《形式》（…を記憶に留める）

前置詞：from memory（記憶から），memory for …（…の記憶）

**フレーズ**

**a lapse of memory/a memory lapse**　ど忘れ

**do sth from memory**　記憶から実行する

**have a short memory**　記憶力が悪い

**have a long memory**　記憶力が良い

**have a memory like a sieve**　物忘れしやすい

**have a memory like an elephant**　超人的な記憶力を持っている

**if my memory serves me（well/right/correctly）**　私の記憶が正しければ

**in/within memory**　記憶に残って

**loss of memory/memory loss**　記憶喪失

**sb's memory is playing tricks on them**　《会話》…が記憶違いをしている

**sth is etched in your memory**　…が記憶に刻まれる

### (2) 思い出

形容詞＋memory：vivid（鮮やかな），dim（おぼろげな），lost（失われた），bitter-sweet（ほろ苦い），lasting（ずっと続く），sweet（甘い）

|動詞＋memory|: have（覚えている）, remember（思い出す）, bring back/call（呼び起こす）

|memory＋動詞|: come flood back（よみがえる）

|前置詞|: in memory of sb（…の思い出に, 記念に）, to sb's memory（…の記憶では）

（フレーズ）

**a good memory (to take with sb to the next world)**　冥土の土産


## message　名詞

**伝言, メッセージ**

|形容詞＋message|: urgent（至急の）, important（大事な）, brief/short（短い）, telephone/phone（録音済みの）, text（携帯電話の）, email/mail（メール）, error（エラー）, warning（警告の）

|動詞＋message|: get/receive（受け取る）, send（送る）, leave（残す）, take（受け取る）, give sb ~（伝える）, pass on/relay/deliver（伝える）

|前置詞|: message for …（…へのことづけ）, message from …（…からのことづけ）

（フレーズ）

**a message of support/sympathy/congratulations**　サポート/同情/お祝いのメッセージ

**get the message**　《略式》ピンとくる

**keep/stick to the message**　政党の主張を強調する

**on/off message**　政党の方針に従う/従わない

**This is just a quick message (to let you know …)**　取り急ぎ（…をお知らせします）

M

## ▌ mistake 名詞

**誤り，間違い**

[形容詞＋mistake]： common（よくある），little/minor（ささいな），serious/grave（深刻な），honest（うそ偽りのない），silly/stupid（愚かな），easy（簡単な），spelling（つづりの），costly/expensive（高くつく）

[動詞＋mistake]： make（間違える），correct（正す），realize（気づく），admit（認める）

[mistake＋動詞]： happen（起こる）

[前置詞]： by mistake（誤って），in mistake for sb/sth（… と間違えて）

（ フレーズ ）

**a charming/pardonable mistake** ご愛嬌

**a fatal mistake** 命取り

**and no mistake** （BrE）《会話》《略式》（文末で）確かに

**make a carelss mistake** トチる

**make a tactless mistake** （気が利かなくて）失敗する

**make no mistake (about it)** 《会話》いいですか，間違えないで

**repeat sb's mistake** 二の舞を踏む

**there must be some mistake** おそらく何かの間違いです

**we all make mistakes/everybody makes mistakes.** 《会話》私たちは皆，間違いをします

**You learn from your mistakes**. 失敗は成功のもと

## ▌ mistake 動詞

誤る，誤解する

フレーズ

**you can't mistake sb/sth**　間違えるはずじゃない

句動詞

**mistake A for B**　（他動詞）A を B と間違える

## ▌ money 名詞

金，通貨，貨幣，資金

形容詞＋money ： big/good（大金），easy（楽して手に入る），
　spending（BrE）/pocket（小遣い），government（政府の），taxpay-
　ers'（納税者の），public（公金），easy（あぶく銭）

動詞＋money ： have（持っている），make/earn（稼ぐ），spend ~
　on …（…に費やす），cost（費用がかかる），save（貯める），lose（浪
　費する），pay ~ for …（…に払う），lend sb（人に貸す），borrow
　（借りる），owe sb（人から借りる），waste（無駄にする），give sb
　their ~ back/refund（人に返す），change/exchange（両替をする），
　raise（資金集めをする，金策する）

money＋動詞 ： go on …（…に費やされる），come in（入ってくる）

money＋名詞 ： management（運用），laundering（洗浄）

前置詞 ： for money（お金のために）

フレーズ

**a black-market money leader**　ヤミ金

**a money tree**　金のなる木

**a small sum of consolation money**　涙金

**a sum/an amount of money**　まとまったお金

**be a waste of money**　お金の無駄遣い

**be in the money**　《略式》お金がうなっている，大金が手に入る

**be (right) on the money**　(AmE)《会話》完全に正しい

**be sloppy with money**　お金にだらしない

**be value for money**　(BrE) 金に見合う価値

**blood money**　(1) 殺害された人への賠償金　(2) 犯人探しの懸賞金　(3) 殺人への報酬

**Buy cheap goods and you throw your money away.**　安物買いの銭失い

**Easy money is easily spent.**　悪銭身につかず

**for my money**　《会話》私の考えでは

**get your money's worth**　金額分の価値がある

**give sb a (good) run for their money**　人に挑戦する，対抗する

**handle money**　切り盛りする

**have a (good) run for your money**　接戦を演じる

**have money to burn**　うなるほどお金がある

**have more money than sense**　《会話》お金はあるが常識はない

**hush money**　口止め料

**I'm not made of money.**　《会話》私は金のなる木ではない

**pay good money for sth**　《会話》…に大金を注ぎ込む

**put/pump/pour money into sth**　…に投資する

**put sb's money on sth**　《略式》(1) (お金を) 賭ける　(2) (…がうまくいくと) 確信する

**make money hand over fist**　ボロ儲けする

**marry (into) money**　金持ちと結婚する

**mean with money**　金払いが悪い，お金に汚い

**Money comes and money goes.**　金は天下の回りもの

**money for old rope**　(BrE) あぶく銭

**money-hungry**　金儲け主義の

**Money is a valid passport anywhere.**　地獄の沙汰も金次第

**money is no object**　《略式》金に糸目はつけない

**money politics**　金権政治

**money under the table**　袖の下

**mone talks**　《会話》金がものを言う

**my money's on .../the smart money's on ...**　《会話》...が成功すると信じている

**Out of money, out of mind**　金の切れ目が縁の切れ目

**play for money**　お金を賭けてやる真剣勝負

**(prefer to) spend money on one good thing rather than on many cheap things**　一点豪華主義

**put your money where your mouth is**　《略式》口で言うだけでなく行動で証明する

**rake in the money**　荒稼ぎする

**spend money like water**　《略式》お金を湯水のごとく使う

**take risks with other people's money**　人のふんどしで相撲をとる

**the best (sth) that money can buy**　《略式》お金で買える最良の品

**there's money (to be made) in sth**　《会話》...にはお金がある

**throw money at sth**　...をお金で解決しようとする

**your pays your money and you takes your chance/choice**　《略式》全ての結果に責任を持つ

## morning　名詞

### 朝, 午前

形容詞＋morning：tomorrow（明日の）, yesterday（昨日の）, this（今朝）, the next/following（次の日の）, later（午前中遅くに）, the early（早朝）, beautiful（美しい）, fine/sunny（晴れた）, cold（寒い）, frosty（霜が降りた）

**M**

| morning＋名詞 | : sun（太陽），light（太陽の光），mist（露），coffee（コーヒー），jogging（ジョギング），paper（朝刊紙），news（ニュース），train（電車），flight（飛行機）

| 前置詞 | : by morning（朝までに），in the morning（午前中に），from morning till night（朝から晩まで）

**フレーズ**

**a bear in the morning** 寝起きの悪い人

**a morning person** 朝型の人

**first thing in the morning** 朝一で

**in the small hours of the morning** 夜明け前

**morning, noon and night** 寝ても覚めても

## mouth 名詞

口，口元

| 形容詞＋mouth | : big/large/wide（大きな），dry（緊張で乾いた），small（小さい），full（全体），thin（唇の薄い），half-open（半開きの），open（開いた），closed（閉じた），smiling（微笑んでいる），hungry（被扶養者）

| 動詞＋mouth | : open（開ける），shut/close（閉じる），cover（覆う），wipe（拭く），kiss sb on the ~（人にキスする）

| mouth＋動詞 | : fall/drop open（ぽかんと開く）

| mouth＋名詞 | : care（口腔ケア），sore/ulcer（口内炎），rinse（口内洗浄剤）

| 前置詞 | : in sb's mouth（口の中で）

**フレーズ**

**be all mouth** （BrE）《略式》口先だけ

**be born with a silver spoon in your mouth** 生まれつき裕福で

ある

**be foaming at the mouth**　激怒する

**big mouth**　《略式》秘密をぺらぺら話す，口が軽い

**by word of mouth**　口コミで

**down in the mouth**　《略式》不幸せな

**foul-mouthed**　口が悪い

**have a dirty mouth**　下品な言葉遣いをする

**keep your mouth shut**　《略式》(1) 秘密を漏らさない　(2) 黙っている

**look down at the mouth**　しょげる

**make sb's mouth water**　人の食欲をそそる

**me and my big mouth/you and your big mouth**　《会話》余計なことを言った

**mealy-mouthed**　奥歯にものが挟まった

**mouth to feed/hungry mouth**　被扶養者

**open your mouth (to say/speak/protest)**　(話す/抵抗するために) 口を開く

**out of mouth of babes (and shackling)**　子供の口からすごいことが出る

**put words into sb's mouth**　口は災いの元

**put your foot in your mouth**　失言する，うっかり口を滑らせる

**put your money where your mouth is**　→ money のフレーズ [《略式》口で言うだけでなく行動で証明する]

**run off at the mouth**　四六時中無駄口を叩く

**shoot your mouth off**　偉そうに話す

**stuff/cram sb's mouth**　頬張る

**shut your mouth**　黙れ

**the corner/side of your mouth**　口元に

**the roof of your mouth**　上あご

M

**watch your mouth** 《会話》《略式》口には気をつけろ

**with your mouth full** 口を一杯にして

**with your mouth open** 口を大きく開けて

## movie 名詞

**映画**

形容詞＋movie ： big-budget (巨大予算の), low-budget (低予算の), blockbuster (大ヒット), classic (昔の名作), hit (ヒット), cult (カルト), in-flight (機内), action (アクション), horror (ホラー)

動詞＋movie ： watch/see (見る), got to (見にいく), take in (AmE) (見に行く), appear in/be in (出演する), star (主役を演じる), produce/make (制作する), shoot (撮影する), show/screen (上映する)

movie＋動詞 ： star/feature sb (…が主演を務める), be relased (公開される), be based on .../be inspired by ... (…に基づいている)

movie＋名詞 ： industry (産業), star (スター), director (監督), produce (製作者), premier (プレミア), critic (評論家)

前置詞 ： in a movie (映画内で), a movie about ... (…についての映画), at the movies (映画館で)

## music 名詞

**音楽**

形容詞＋music ： loud (騒々しい), soft/quiet (静かな), classic (クラシック), pop (ポップ), rock (ロック), background (背景), instrumental (インストゥルメンタル), choral (合唱の), orchestral (オーケストラの), piano (ピアノ), live (生の), lively (軽快な), recorded (録音済みの)

[動詞＋music]： listen to （聞く）, play/make （演奏する）, write/
　 compose/make （作曲する）, hear （聞く）, turn down （小さくする）,
　 download （ダウンロードする）

[music＋動詞]： come （流れてくる）

[music＋名詞]： lover （ファン）, industry （業界）, concert （コンサー
　 ト）, composer （作曲家）, critic （評論家）, piracy （著作権侵害）,
　 award （音楽賞）, education （教育）, therapy （療法）

[前置詞]： to (the) music （音楽に合わせて）

（フレーズ）

**a piece of music**　一曲

**be music to your ears**　耳に心地よい

**face the music**　《略式》批判, 叱責, 罰を甘んじて受ける

**see/put sth to music**　作曲する

## name 名詞

### (1) 名前，名，ネーム

形容詞＋name： common（よくある），assumed（仮），stage（芸），
brand（ブランド），company（社），file（ファイル），user（ユー
ザー），domain（ドメイン），pen（ペン），maiden（旧姓），false
（偽），first（ファースト，名前），family（名字），trade（商標），fan-
cy（キラキラ）

動詞＋name： have（持つ），give sb（人を名付ける），use（使う），
take（採用する），change（変える），call sb's（人の名前を呼ぶ），
know（知っている），mention（あげる），sign（署名する），remem-
ber（覚えている），hear（耳にする），forget（忘れる），register（登
録する）

前置詞： by the name of ...（... という名前の），under the name
of ...（... の名前を使って），name of/for ...（... の名前），by name
（名指しで）

フレーズ

**as its name indicates**　その名の通り

**cannot put a name to sth**　《会話》... を思い出せない

**give sb's name to sth**　... に名前をつける

**go by the name of sth**　... という名前で呼ばれている，通称... と
　呼ばれている

**in name only/alone**　名ばかり

**in sb's name/in the name of sb**　(1) ... の名にかけて　(2)《形式》

…の権威にかけて

**in the name of religion/freedom/science,** etc.  非人道的行為/自由という名のもと/科学という名のもと

**live up to sb's name**  名実ともに

**naming names**  名指しで（複数の人の名前を指す）

**not live up to sb's name**  名前負けする

**Please withhold my name.**  匿名希望でお願いします

**put a name to**  名前を覚えている

**put a name to a face**  顔と名前を覚えている

**take sb's name in vain**  人の名を軽々しく口にする

## (2)  名声，評判

形容詞＋name ： good（高い），bad（悪名）

動詞＋name ： have（得ている），become（有名になる），make（名を成す）

フレーズ

**clear sb's name**  名誉挽回を果たす

**drag sb's name througt the mud**  人の名声を汚す，顔に泥を塗る

**sb's name is mud**  名声が地に落ちる

(1) (2) 以外の意味で使用されている name のフレーズ

**be a household name/word**  よく知られている

**call sb all the names under the sun**  人をボロクソに言う，罵詈雑言を浴びせる

**call sb names**  人の悪口を言う

**in all/everything but name**  事実上

**not have a penny to your name**  一文なし

**not have sth to your name**  《略式》…はあなたのものではない

**sb's name is mud**  《略式》嫌われている

**sth has sb's name on it**　…の好みに合っている

**the name of the game**　《略式》最も重要なこと


N

| **need　名詞**

**必要，必要性**

形容詞＋need ： real（本当の），clear（明らかな），urgent/pressing（差し迫った），desparate（切実な），growing/increasing（増大する），individual（個人的な），political（政治的）

動詞＋need ： stress/emphasize/underlie（強調する），eliminate/remove/obviate（除去する），fill/fulfill（満たす），meet/satisfy（満たす）

need＋動詞 ： exsit（存在する），arise（生じる）

文法形式 ： a need to do（…する必要性）

フレーズ

**A friend in need is a friend indeed.**　まさかの時の友こそ真の友

**as/if/when the need arises**　何か必要とあらば

**be in need of sth**　…を必要として

**have no need of sth**　…を必要としていない

**if need be**　もし必要なら

**in need**　困っている状態

**in your hour of need**　困っている時に

**needs must (when the devil drives)**　(BrE) 背に腹は変えられぬ

**services that suit your every need**　至れり尽くせりのサービス

**there's no need (for sb) to do sth/there's not need for sth**　…する必要はない

## news 名詞

**情報，知らせ，（テレビ，ラジオなどの）ニュース**

形容詞＋news ： good （良い），great/wonderful （すごい），welcome （耳寄りな），bad （嫌な），terrible （ひどい），the latest （最新の），old （古い），big （ビッグ），breaking （速報），domestic （国内），foreign （海外の），international （国際的な），local （地元の），national （全国），prime-time （ゴールデンタイムの），exclusive （独占）

動詞＋news ： have （入手する），tell sb （人に伝える），break （悪いニュースを伝える），hear （聞く），catch up on （遅れないようにする），spread （広める），welcome （歓迎する），share （共有する），hit/make （なる），leak （漏らす）

news＋動詞 ： come/arrive/reach sb （届く），break （知れ渡る）

news＋名詞 ： broadcast （放送），coverage （報道），agency （通信社），broadcaster （アナウンサー），headline （見出し）

文法形式 ： the good/bad news is ... （良い/悪いニュースは...）

前置詞 ： news on ... （...に関するニュース），news of/about ... （...についてのニュース），news for ... （...へのニュース），in the news （話題になって），at the news （ニュースで）

フレーズ

**a bit of news** (BrE)/**a piece of news**　１つのニュース

**a person in the news**　時の人

**Bad news travels fast.**　悪事千里を走る

**be bad/good news for sb**　人にとって悪い/良いニュースである

**have a nose for news**　早耳である

**he's/she's bad news**　《略式》トラブルメーカーである，危険人物である

**I've got news for you.**　《会話》お知らせがあります

**no news is good news.** 《会話》便りのないのはよい便り
**that's/it's news to me!** 《会話》それは初耳だ

## newspaper 名詞

**新聞，新聞社**

形容詞＋newspaper ： daily（日刊），weekly（週刊），morning（朝刊），evening（夕刊），national（全国），local（地方），tabloid（タブロイド），quality（BrE）（一流），financial（経済），campus（大学）

動詞＋newspaper ： read（読む），get（買う），appear in（出る），scan（ざっと目を通す），take（定期購読する）

newspaper＋動詞 ： report ...（... を報道する），feature ...（... を特集する），come out（新聞が出る）

newspaper＋名詞 ： article/story（記事），headline（見出し），column（コラム），clipping/cutting（切り抜き），obituary（死亡記事），editor（主筆），journalist（記者），proprietor（BrE）/owner（オーナー）

## night 名詞

**夜，夜中，夕方，晩**

形容詞＋night ： last（昨晩），tomorrow（明晩），early（宵の口），late（深夜），long（長い），sleepless（眠れない），the other（先日の）

動詞＋night ： spend/have（過ごす），stay（泊まる）

night＋動詞 ： fall/come（やってくる），wear on（ふける）

night＋名詞 ： sky（夜空），air（空気），shift（夜勤），school（夜学），bus（バス），train（列車），flight（深夜便），owl/person（人間）

前置詞 ： at night（夜に），in/during the night（夜の間に），by night（夜に），on Sunday night（日曜の夜に），through/throughout the night（夜通し）

フレーズ

**a girl's/women's night out**　女子会

**a good night's sleep**　心地より夜の眠り

**a night out**　夜遊び

**all night**　一晩中

**all night long**　一晩中ずっと

**as different night and day**　月とすっぽん

**at this time of night**　夜のこの時間に

**call it a day/night**　仕事を切り上げる

**day and night/night and day**　寝ても覚めても

**first/opening night**　開幕日，初演の日

**go for a big night out on the town**　派手に遊ぶ

**have a late/early night**　遅めに/早めに寝る

**in the middle/dead of the night**　真夜中に

**last thing at night**　夜寝る前に

**make a night of it**　《略式》楽しく晩を過ごす

**morning, noon, and night**　四六時中

**night after night**　毎夜毎夜

**night night**　《会話》おやすみ

**nigh or day/day or night**　昼夜を問わず

**skip out during the night**　夜逃げする

**spend the night with sb/spend the night together**　人と一晩をともにする

**stay up till all hours of the night**　夜更かしする

**The night is still young.**　まだ宵の口である

N

## │ **number** 名詞

### (1) 数

$\boxed{\text{形容詞} + \text{number}}$：large/great（大きな），vast/huge（莫大な），three-digit（3桁の），growing/increasing（増大する），tiny（少ない），limited（限られた），odd（奇），even（偶）

$\boxed{\text{動詞} + \text{number}}$：increase（増やす），reduce/decrease（削る），estimate（見積もる）

$\boxed{\text{number} + \text{動詞}}$：increase/go up/grow/rise（増える），double（2倍になる），fall/drop/go down/decrease（減る），halve（半分になる）

### フレーズ

**any number of sth**　たくさんの…

**beyond/within number**　おびただしい

**bring the number to ...**　総数で…になる

**in round number**　概数で［0で終わる数］

### (2) 番号，電話番号，ナンバー

$\boxed{\text{形容詞} + \text{number}}$：lucky（ラッキー），winning（当選），missing（欠番），retired（永久），wrong（間違い），serial（シリアル），account（口座），passport（パスポート），ID（ID番号），telephone（電話），emergency（緊急），toll-free（フリーダイヤル）

$\boxed{\text{動詞} + \text{number}}$：assign/give sth ~（…に番号をつける），call/dial/phone（電話する）

### (1) (2) 以外の意味で使用されている number のフレーズ

**back number**　バックナンバー

**black/elegant, etc. number**　《略式》女性用の黒い/エレガントな服

**by (the) number**　(AmE) 型通りに

**do a number on sb/sth**　《略式》（人・物を）意図的に傷づける

**have (got) sb's number**　《略式》人の心を理解する

**look out for number one**　自分勝手である

**sb's number is up/sb's number has come up**　《略式》(1)（人の）
　進退がきわまる　(2) 人の命が尽きそうである

## offer 名詞

**申し出**

形容詞＋offer ： job（仕事の）, kind（親切な）, generous（寛大な）, special（特別な）, tempting（うまい）

動詞＋offer ： accept/take/take up（受け入れる）, turn down（断る）, get/receive（受け取る）, make sb ~（人に申し出をする）, withdraw（取り下げる）

文法形式 ： offer to do（…する申し出）

【 フレーズ 】

**an offer sb can't refuse** 《略式》(1) 良い申し出 　(2) 嫌とは言わせない

**an offer to help/support, etc.** 助け/支援の申し出

**I appreciate your offer.** 申し出に感謝します

**on offer** (1) 発売中 　(2)（BrE）安売り中で

**under offer** （BrE）（家が）買い値をつけられて

## operation 名詞

**(1) 手術**

形容詞＋operation ： major（大）, minor（小）, emergency（緊急）, routine（平凡な）, life-saving（救命）, transplant（移植）, heart（心臓の）

動詞＋operation ： have/undergo（受ける）, do/carry out/perform

（行う），recover from（回復する），survive（乗り越える）

前置詞 ： operation on ...（... の手術），operation for ...（... のための手術）

文法形式 ： operation to do（... のための手術）

## (2) 活動，作業

形容詞＋operation ： joint（統合），commerical（商業），business（事業），air/flight（航空作戦），ground/land（陸上作戦），sea（海上作戦）

動詞＋operation ： begin/launch（始める），carry out/conduct/come into（実行する）

フレーズ

**an undercover operation/investigation** 覆面捜査

**in operation** 実施されて，活動中で，運動中で

**put/bring sth into operation** ... を実施する

## order 名詞

## (1) 順序，順

形容詞＋order ： correct（正しい），logical（論理的な），chronological（年代），numerical（番号），random（順不同），reverse（逆），pecking（序列）

動詞＋order ： change（変える）

前置詞 ： in ... order（.. 順で），in order of ...（... の順で），out of order（順序が乱れて）

フレーズ

**the order of things** 物事の順序

## (2) 秩序，規律

形容詞 + order ： civil（市民的），public（社会）

動詞 + order ： keep/maintain（保つ），restore（回復する）

前置詞 ： out of order（秩序に反して）

フレーズ

**law and order** 法と秩序

## (3) 命令，指示

形容詞 + order ： direct（直接の），strict（厳しい），court（裁判所の），executive（大統領），doctor's（医師の）

動詞 + order ： give/issue（出す），obey/follow（従う），take ~ from sb（人から指示を受ける），disobey/ignore（背く），have ~ to do（…する命令を受ける），receive（受ける）

## (4) 注文，オーダー

形容詞 + order ： bulk（大量），last（ラスト），side（サイド料理の），mail（メールでの），standing（継続）

動詞 + order ： take（受ける），place/put in（する），cancel（取り消す）

order + 名詞 ： form（用紙）

(1) (2) (3) (4) 以外の意味で使用されている **order** のフレーズ

**be given/get your marching orders** （BrE）《略式》解雇通知を受け取る

**be in (good) working/running order** いい調子で

**be in order** (1) 正しく (2) 整然と (3) 規則にかなって

**be the order of the day** (1) ふさわしいもの (2) 時代の風潮

**call sb/sth to order** 《形式》人/物に規則を守るよう求める

**in order that ...** 《形式》…するために

**in order to do sth** …するために

**in short order**　すぐに

**in the order of sth/of the order of sth/on the order of sth**
　（AmE）…ほどの

**of a high order/of the highest order/of the first order**　高度な

**Order! Order!**　《会話》静粛に！

**point of order**　議事進行上の問題

**see/put your own house in order**　家の中を片付ける

**tall order**　（1）無理な注文　（2）できない相談

**under starter's orders**　出発合図を待って

**withdraw/repeat in good order**　整然と撤退する

## page 名詞

**ページ，面，欄**

形容詞＋page ： front（第一），next（次の），preview（前の），fac-
ing/opposite（対向），left-hand（左の），right-hand（右の），back
（裏），full（全），missing（落丁）

動詞＋page ： turn（めくる），turn to …/see …（…のページ開く），
flick/flip through（パラパラめくる），jump/leap off（目に飛び込ん
でくる）

page＋名詞 ： number（数），design（デザイン），size（サイズ）

前置詞 ： on page（ページに），over the page（ページの上に）

フレーズ

**a page in sth's history**　歴史上の重要な出来事

**be on the same page**　同じ考えである

**the bottom/foot of the page**　ページ下部

**the top of the page**　ページ上部

## pain 名詞

**痛み，苦痛**

形容詞＋pain ： acute/severe/intense（激しい），dull（鈍痛），sharp
（鋭い），slight（軽い），nagging（しつこい），chronic（慢性の），
shooting（刺すような），labour（BrE）/labor（AmE）（陣痛）

動詞＋pain ： have（ある），feel（感じる），suffer（from）（経験す

る），inflict（与える），relieve/ease/alleviate（和らげる）

pain＋動詞 ：get worse（悪化する），go away/subside（消える），
course through ...（...に走る）

pain＋名詞 ：relief（鎮痛），threshold（痛みの限界），killer（鎮痛剤）

フレーズ

**a real pain**　本当にうとましい存在

**aches and pains**　あちこちの痛み

**be a pain (in the neck)/be a pain in the ass/arse/backside/butt**
《略式》面倒くさいこと，人

**be at pains to do sth**　...しようと努力する

**for your pains**　苦労の割に

**go to/take pains to see that .../take pains with ...**　...であるよ
うに気を配る

**no pain, no gain**　《会話》痛みなくして得るものなし

**on/under pain of sth**　...を覚悟の上で

**toss around in pain**　七転八倒する

## paper 名詞

**(1)　紙，ペーパー**

形容詞＋paper ：blank（白紙の），recycled（リサイクル），writing/
note（筆記用），plain（無地の），lined（罫），wrapping（包装），tis-
sue（ティッシュ）

動詞＋paper ：tear（破る），shred（シュレッダーにかける），recycle
（リサイクルする）

paper＋名詞 ：bag（袋），cup（カップ），napkin（ナプキン），mon-
ey（紙幣）

前置詞 ：on paper（紙面上に）

P

フレーズ

**a scrap/slip of paper**　紙片一つ

**a sheet/piece of paper**　紙一枚

## (2)　新聞

形容詞＋paper：daily（日刊），evening（夕刊），morning（朝刊），weekly（週刊），quality（BrE）（高級），tabloid（タブロイド）

動詞＋paper：buy（買う），get/take（購読する），flick through/flip through（パラパラめくる），appear in（載る）

paper＋動詞：come out（発行される）

## (3)　文書，書類［papers で］

形容詞＋papers：divorce（離婚届），ballot（投票用紙），ID（身分証明書），official（公的文書）

動詞＋papers：sign（署名する），show（提示する），file（提出する）

## (4)　論文，レポート

形容詞＋paper：term（期末），working（中間），research（研究），scientific（科学），peer-reviewed（査読を受けた）

動詞＋paper：publish（発表する），submit（提出する），write（書く），co-author（共同執筆する），cite（引用する）

paper＋動詞：focus on …（…に焦点を当てる），describe …（…を記述している），deal with …（…を扱っている），argue …（…を論じている），demonstrate …（…を実証している），conclude（…を結論づけている）

前置詞：paper on …（…についての論文）

(1) (2) (3) (4) 以外の意味で使用されている **paper** のフレーズ

**a paper tiger**　張子の虎

**not worth the paper it is written/printed on**　全く価値がない

**on paper**　(1) 書面で　(2) 実体のない

**put/set pen to paper**　筆を取る，書き始める

**rock, paper, scissors**　グー・チョキ・パー（じゃんけん）

## ▌ **party** 名詞

### (1)　パーティー

形容詞＋party ： surprise（サプライズ），all-night（徹夜の），tea（お茶会），Christmas（クリスマス），birthday（誕生日），farewell（送別会）

動詞＋party ： give/have/hold（開く），host（主催する），go to/attend（出席する），ruin/spoil（台無しにする），crash（押しかける）

party＋動詞 ： go on（続く），break up（お開きになる）

**フレーズ**

**a party mood**　お祭り気分 [a festive mood ともいう]

**a party pooper**　パーティーをしらけさせる人

**a party to start off the new year**　忘年会

**a party trick**　隠し芸

**be the life of the party**　パーティの人気者

### (2)　政党，政治団体

形容詞＋party ： political（政党），ruling（与党），opposition/opposing（野党），right-wing（右派），left-wing（左派），Communist（共産党），Labour（労働党），Republican（共和党），Democratic（民主党）

動詞＋party ： join（入党する），form/found（設立する）

party＋動詞 ： win an election（選挙に勝つ），lose an election（選挙に負ける），come to power/be in power（政権に就く）

<hr>

(1) (2) 以外の意味で使用されている **party** のフレーズ

**be (a) party to sth** …に関わる

**the guilty/innocent party** 犯人/当事者

<br>

## ┃ pay 名詞

### 給与, 賃金, 手当

形容詞＋pay ： montly（月給）, hoourly（時給）, low（低い）, good（良い）, equal（同一）, basic（BrE）/base（AmE）（基本）, gross（総額）, take-home（手取り）, overtime（残業手当）, maternity（産休）, sick（傷病）, redundancy（BrE）/severance（AmE）（解雇）, full（満額給）

動詞＋pay ： earn（稼ぐ）, boost/raise/increase（上げる）, cut（賃金を削る）

pay＋名詞 ： day（給与日）, hike（賃上げ）, increase/rise（BrE）/raise（AmE）（昇給）, cheque（BrE）/check（AmE）（小切手）, slip（BrE）/stab（AmE）（明細票）, claim（賃上げ要求）, dispute（賃上げ闘争）, freeze（凍結）

前置詞 ： level of pay（賃金水準）, rates of pay（賃金高）

フレーズ

**be in the pay of sb** 人に雇われている

<br>

## ┃ phone 名詞

### 電話

形容詞＋phone ： mobile（BrE）/cell（AmE）（携帯）, pay/public（公衆）, office（職場の）, home/private（自宅の）, speaker（スピーカーフォン）, hands-free（ハンズフリー）

**動詞＋phone** : use (使う), answer/pick up (出る), call sb on the
~ (人に電話をかける), put down (置く), fiddle with (いじる)

**phone＋動詞** : ring (鳴る), ring off the hook (鳴りっぱなし), be
busy (話中である), vibrate (振動する), be/go dead (不通になる),
be off the hook (外れている)

**phone＋名詞** : number (番号), line (回線), bill (料金), conver-
sation (通話)

**前置詞** : by phone (電話で), on the phone (電話で)

**フレーズ**

**a (tele) phone phobia/fear of talking on the phone**　電話恐怖症
**be always on the phone**　電話魔
**Get off the phone!**　長電話はやめろ！

**コラム**

**pirate version/radio station/station/radio**
(映画, ドラマなどの) 海賊版/無許可のラジオ曲/曲/ラジオ

ポイント：a pirated version (海賊版, -ed 形) と同じ意味で使用
される a pirate version (φ形) のように, -ed 形から φ形に変化
している例が観察されます. 例えば, mash potato, smoke
salmon, skim milk, corn beef, steam pudding, steam fish,
print version, roast beef, roast chicken, close circuit, close
season などです. これらのフレーズのストレスは, 複合語と同
じく, 全て前の要素に置かれます. しかし, すべての -ed 形が
φ形に簡略化できるわけではありません. φ形への移行の条件
は, ① [-ed 形＋名詞] がフレーズであること, ② -ed 形の -ed
を省いた φ形の名詞形が存在すること, ③φ形に変化しても何ら
意味の誤解を与えないこと, を満たす場合, φ形へ変化します.
この変化の背景には, 相手に誤解を与えない範囲でできるだけ楽

をする表現方法を選ぶ（言語経済の法則の労力節減といいます）
という働きが存在します.

　pirate には，「海賊版の」という意味以外に，「無許可の，非合
法の」という意味もあります.

P

## plan 名詞

**計画，プラン，予定**

形容詞＋plan ： ambitious（野心的），detailed（詳細な），cunning/
clever（ずるい），grand（壮大な），master（基本），long-term（長
期），immediate（当面の），backup（予備の），evacuation（避難）

動詞＋plan ： abandon/scrap（断念する），cancel（キャンセルする），
devise（立案する），formulate（まとめる），implement（実行する），
make（作る），oppose（反対する），outline（略述する），come up
with（考えつく），carry out（実行する），keep to/stick to（通りに進
める），announce/unveil（発表する），work out（練る）

前置詞 ： plan for ...（... に向けての計画），plan to ...（... するための
計画）

フレーズ

**a change of plan** 　計画変更
**a plan of action** 　行動計画
**a plan of attack** 　攻撃計画
**a plan of campaign** 　(BrE) 作戦計画
**go according to plan** 　計画通りに進める
**Plan A, Plan B** 　計画その 1，その 2

## ▌ **plant** 名詞

### (1) 植物

形容詞＋plant ： rare（まれな），wild（野生），exotic（外来），tropical（熱帯），pot（BrE）/potted（鉢植え），garden（園芸）

動詞＋plant ： cultivate（栽培する），grow（育てる），water（水をやる）

plant＋動詞 ： grow（育つ），thrive/flourish（繁茂する），flower（花が咲く）

plant＋名詞 ： life（生命），material（物質）

### (2) 工場，プラント

形容詞＋plant ： industrial（工場），assembly（組立），nuclear（原子力発電所），power（発電所），sewage（下水処理場）

動詞＋plant ： build（建設する），manage/run（経営する）


## ▌ **play** 名詞

### (1) 遊び

形容詞＋play ： outdoor（屋外の），indoor（屋内の）

前置詞 ： at play（遊んでいて）

### (2) 劇，演劇，ドラマ

形容詞＋play ： stage（舞台），radio（ラジオ），TV（テレビ），school（学校）

動詞＋play ： write（書く），go to (see)（(見に) 行く），see/watch（見る），perform（演じる），act/perform/appear in ~（演じる），put on a ~（する），direct（監督する），produce/stage（制作する），rehearse（練習する）

前置詞 ： play about ...（... についての劇）

## (3) （スポーツの）プレー

形容詞＋play ： excellent （素晴らしい）, bad/poor （下手な）, fair （フェア）, foul （反則）, dangerous （危険な）, dirty （汚い）

前置詞 ： in play （プレー続行中で）, out of play （プレー一時停止中）

### (1) (2) (3) 以外の意味で使用されている play のフレーズ

**a play on words** しゃれ

**bring sth into play** …を活用する

**come into play** 作用し始める

**in play** 冗談で

**make a play for sb** 人を誘惑しようとする

**make a play for sth** …を手に入れようと躍起になる

**play of light** 光のちらつき

## point 名詞

## (1) 論点，問題

形容詞＋point ： crucial/key/important （重要な）, focal/main （主要な）, fundamental （基本的な）, good （良い）, interesting （興味ある）, serious （深刻な）, final/last （最後の）

動詞＋point ： make （論ずる）, put/get ~ across （理解させる）, raise （持ち出す）, illustrate/demonsrate （表す）, see/take/get sb's ~ （人の論点を理解する）, have （一理ある）, labour （BrE）/labor （AmE） （くどくど述べる）, miss （外れる）, get/come to the ~ （核心をつく）, get to the ~ （本題に入る）

前置詞 ： beside the point （論点から外れて）

文法形式 ： The point is … （論点は…である）

フレーズ

**can't see the point of …ing** …の意味がわからない

**don't see the poing in ...ing**  …の意味/要点がわからない

**I see/take your point taken./Point taken.**  おっしゃる通りです

**more to the point**  もっと重要なのは

**not talk to the point**  本筋とは関係ないことを言う

**that's not the point.**  そういう問題ではない

**the finer point of sth**  …の細かい点

**the whole point**  核心

**There's no point in ... ing**  …しても意味がない

**to the point**  適切な

**You've got a point./That's the point.**  ごもっともです

## (2) 段階，時点

形容詞＋point：high（最高の），low（最低の），melting（融点），freezing（氷点），boiling（沸点）

動詞＋point：get to/reach（達する）

前置詞：at a point（時点で），up to the point（ある点までは）

**フレーズ**

**(reach/pass) the point of no return**  戻れない段階（に達する/を超える）

**the point of departure**  出発点

## (3)（スポーツ，ゲームの）得点，ポイント

形容詞＋point：match（マッチ），set（セット）

動詞＋point：win/get（取る），lose（失う）

## (1) (2) (3) 以外の意味で使用されている point のフレーズ

**be on the point of (doing) sth**  今にも…しそうである

**in point of fact**  《形式》実際は

**make a point of doing sth**  あえて…する

**not to put too fine a point on it**  (BrE) 単刀直入に言うと

**when/if it comes to the point**　(BrE) いざと言うときは

## ▌police　名詞

**警察，警察官**

形容詞＋police：armed（武装），uniformed（制服），riot（機動隊），undercover（覆面），secret（秘密），airport（空港），local（地元の），traffic（交通）

動詞＋police：call（呼ぶ），tell/inform（知らせる），report sth to the ~（…を報告する）

police＋動詞：investigate …（…を捜査する），catch sb（人を捕える），arrest sb/make an arrest（人を逮捕する），question/interview sb（人を尋問する），charge sb（人を告発する），hold sb/detain sb《形式》（人を拘留する），release sb（人を釈放する）

police＋名詞：investigation（捜査），raid（ガサ入れ），escort（護衛），officer（警察官），station（警察署），car（パトカー），dog（警察犬），informant（通報者），chase（追跡），shooting（発砲），corruption（汚職），detective（刑事）

## ▌population　名詞

**人口，住民**

形容詞＋population：total/whole/entire（総），local（地元の），dense（密集した），growing（増大する），indigenous（先住民の），urban（都市の），rural（田舎の），ageing（高齢）

動詞＋population：grow/increase/rise（増える），fall/decline/decrease（減る），reach …（…に達する）

population＋名詞：growth/increase（増加），density（密度），estimate（統計），figures（統計），explosion/boom（爆発），census（調

査), centre (BrE)/center (AmE)（密集地）, decline（過疎化）

---

## ▌ power 名詞

### (1) 権力, 力, 権限

形容詞＋power ： enourmous/huge（絶大な）, absolute（絶対的）, real（実力）, limited（限られた）, political（政治的）, economice（経済的）

動詞＋power ： have（持つ）, get/gain（就く）, use/exercise《形式》（行使する）, give sb/grant sb（人に権限を与える）, delegate/devolve（委任する）

power＋名詞 ： struggle（闘争）, relation（力関係）

前置詞 ： in power（政権に就いて）, in sb's power（人の支配の中に）, power of ...（...の権限）, power over ...（...の支配）

**フレーズ**

**a postion of power**　権力の座

**abuse of power**　権力の乱用

**power of attorney**　代理権

**power trip**　《略式》権力

**the balance of power**　権力の均衡

**the powers that be**　権力者

### (2) 力, 能力

形容詞＋power ： military（軍事）, healing（治癒）, buying（購買）, psychic（霊）

動詞＋power ： have/possess（持つ）, develop（発達させる）, underestimate（過小評価する）

前置詞 ： beyond sb's power（人の力の及ばない）, in sb's power/within sb's power（人の力の届く中で）

フレーズ

**do everything/all in your power**　全力を尽くす

### (3)　エネルギー，電力，力

形容詞＋power ： nuclear （原子），solar （太陽），wind （風），electrical （電）

動詞＋power ： generate （発電する），provide/supply （供給する）

前置詞 ： power for ... （...のための電力）

フレーズ

**a source of power**　電源

(1) (2) (3) 以外の意味で使用されている **power** のフレーズ

**a power strip**　タコ足配線のタップ

**a power suit**　勝負服

**do sb a power of good**　(BrE)《略式》人に何らかの利益をもたらす

**More power to sb's elbow**　《会話》頑張って！

**the power behind the throne**　影の実力者

**the powers of good/evil/darkness**　善の力/悪魔/闇の力

## ▌　**present** 名詞

### (1)　贈り物，プレゼント

形容詞＋present ： birthday （誕生日），Christmas （クリスマス），wedding （結婚の）

動詞＋present ： give sb （人にプレゼントを贈る），give sth as ~ （...を贈る），buy/get《略式》sb （人にプレゼントを買う），get （もらう），wrap （包装する），open/unwrap （開ける）

### (2)　現在 [the present で]

前置詞 ： at present （現在），for the present （今日のところは）

**(there's) no time like the present** 《会話》善は急げ，チャンスは今だ

---

| **price** 名詞

**価格，値段，物価**

[形容詞＋price]：high（高い），low（低い），reasonable/affordable（手頃な），wholesale（卸売），retail（小売り），half（半額），full（満額），good（良い），bargain/knockdown/giveaway（特価），market（市場），purchase（買値）

[動詞＋price]：boost/put up/increase/raise（上げる），cut/lower/reduce（下げる），slash（大幅に下げる），fix（取り決める），agree on（まとまる），fetch（BrE）（…の値段で売れる），shave（値引きをする）

[price＋動詞]：go up/increase/rise（上がる），go down/full/decrease（下がる），shoot up/soar/rocket（はねあがる），fluctuate（変動する）

[price＋名詞]：rise/increase/hike（上昇），cut/reduction（下落），level（水準），range（幅），freeze（凍結），stabilization（安定）

[前置詞]：at/for a price（かなりの値段で），at any price（ぜひとも，どんな犠牲を払っても），not at any price（どんなに金を積まれても…しない），beyond price（非常に高価な）

フレーズ

**a fall/drop in prices**　価格の下落

**a "me-too" price hike**　便乗値上げ

**a rise in prices**　価格の上昇

**cheap at the price**　お買い得

**everyone has their price**　お金で動かない人はいない

**Give me a better price/figure.**　《会話》もう少しまけてよ

**in/outside sb's price range**　人の予算内/予算外で

**name your price**　値段を言う

**pay the price**　代償を払う，落とし前をつける

**pay the price of fame/greatness**　有名税を払う

**price on sb's head**　人への懸賞金

**put a price on sth**　…に値段をつける

**the current price/the going rate**　相場

**What price sth?**　…の値段/価値は？

P

## problem　名詞

**問題，難題**

形容詞＋problem ： big（大きな），major（重大な），serious（深刻な），little/small/minor（小さな），main（主要な），real（現実），difficult（難しい），fundamental（根本的な），pressing（喫緊の），personal（個人的），alcohol/drink/drinking（飲酒），economic（経済），mental（精神の）

動詞＋problem ： have（ある），cause/create（引き起こす），present/pose（なる），deal with（処理する），sort out（解決する），tackle/address（取り組む），solve/resolve/fix（解決する），overcome（克服する），face（直面する），raise（提起する）

problem＋動詞 ： arise/occur/come up（生じる），lie in/with sth（…にある）

フレーズ

**a problem child**　問題児

**a problem complainer**　悪質なクレーマー［通常のクレーマーは，a

chronic complainer という]

**Do you have a problem with that?** 《会話》《略式》どこか問題があ
りますか？

**get to the root of the problem to find the cause**　原因究明のため
に問題を掘り下げる

**no problem**　《会話》(1) どういたしまして　(2) 大丈夫，何でもな
い

**have a problem with sth**　《略式》...で困っている，...が嫌いである

**have no problem (in) doing sth**　簡単に...する

**it's/that's not my problem.**　《会話》私の知ったことではない

**sb's problem**　身の上話

**that's sb's problem.**　《会話》それは...（人）の問題です

**the (only) problem is (that) ...**　《会話》問題は...です

**What's your/his etc. problem?**　《会話》《略式》どうかしたの？


## promise　名詞

### (1)　約束

形容詞＋promise ： binding（拘束力のある），broken（破られた），
empty（空），false（偽りの），firm（固い），solemn（かなり固い），
vague（曖昧な），rash（安請け合い），easy（無責任な）

動詞＋promise ： make／give（する），fullfill（BrE）／fulfil（果たす），
break（破る）

前置詞 ： promise to ...（...との約束），promise of ...（...の約束）

文法形式 ： promise to do sth（...する約束），promise that ...（...と
いう約束）

フレーズ

**a breach of promise**　婚約不履行

**make sb promise to keep quiet**　口止めする

**promise, promise**　《会話》口ばかり

## (2)　見込み，期待，可能性，有望

形容詞＋promise ：early／initial（初期の），great（多大な）

動詞＋promise ：show／hold（有望である），fullfill（BrE）／fulfil（応える）

前置詞 ：of promise（有望な）

フレーズ

**a promising young person**　将来を約束された若い人

**have a promising future**　前途洋々である

**show a lot of promise**　見どころがある

## question 名詞

**(1) 質問，問題**

形容詞＋question：difficult/hard/tough（難しい），easy（簡単な），
stupid/silly（ばかげた），awkward/tricky（やっかいな），personal
（個人的），exam/test（試験の），rhetorical（修辞学的），simple（単
純な），leading（誘導尋問）

動詞＋question：ask sb（人に質問する），have（ある），pose《形式》
（する），put ~ to sb（人に質問する），answer（答える），avoid/
evade/dodge（逃れる），bombard sb with ~（人を質問攻めにする），
fire/shoot（矢継ぎ早に質問する）

前置詞：question about/on ...（... についての質問），in answer to
sb's question（人の質問に答えて）

**フレーズ**

**be out of the question** 《会話》論外である，問題外である

**(that's a) good question!** 《会話》良い質問だ！

**without question** (1) 問題なく (2) 無条件に

**(2) 問題点，論点**

形容詞＋question：controversial（議論の多い），ethical（倫理的），
moral（道徳的）

動詞＋question：raise（提起する），address/tackle（取り組む）

question＋動詞：be resolved（解決される），remain unanswered
（未解決である）

前置詞：question of ...（... の問題点）

フレーズ

**in question** （1）議論になっている　（2）疑いがある

**(3)　疑い**

形容詞＋question ： open to（疑いがある）

動詞＋question ： call / bring / throw sth into ~（…に疑いの目を向ける）

前置詞 ： beyond question（疑いもなく），no question about it（間違いない），question about / over …（…についての疑い）

フレーズ

**there is no question that …**　…は間違いがない，疑いがない

Q

**(1)(2)(3) 以外の意味で使用されている question のフレーズ**

**a matter / question of degree**　程度問題

**a matter / question of time**　時間の問題

**be a question of sth**　…の最も重要な点である

**beg the question**　（1）（論点・問題を）すり替える，巧みに避ける　（2）仮定で話を進める

**it's just / only / simply a question of doing sth**　《会話》単に…しさえすれば良い

**pop the question**　《略式》プロポーズする

**there is no question of sth happening / sb doing sth**　…が起こる可能性はない

## race 名詞

**(1) レース，競走**

形容詞＋race ： tough/hard （きつい）, big （大）, boat （ボート）, horse （競馬）, road （ロード）

動詞＋race ： compete in/take part in （出る）, have/hold （行う）, win （勝つ）, lose （負ける）, come/finish first/last in a ~ （1位/最下位になる）, lead （リードする）

race＋動詞 ： be on （始まっている）

前置詞 ： in a race （レースに参加して）, race between （…間のレース）

文法形式 ： a race to do sth （…のレース）

**フレーズ**

**a race against time/the clock**　時間との競走

**(2) 人種，民族**

形容詞＋race ： mixed （入り混じった）, human （人類）

race＋名詞 ： equality （平等）, discrimination （差別）

前置詞 ： among/between races （人種間で）, of a race （民族の）

**フレーズ**

**play the race card**　人種を武器にする

## |    **rain**   名詞

雨

| 形容詞 + rain |：heavy / torrential / pouring（土砂降りの），light（小），
   driving（激しい），frezzing / icy（凍てつく），acid（酸性）

| 動詞 + rain |：get caught in（降られる），look like（なりそうである），
   forecase（予報する）

| rain + 動詞 |：fall / come down（降る），pour down（降り注ぐ），ease
   off（止む），beat / lash（音を立てて降る），patter（パラパラ降る）

| rain + 名詞 |：cold（雲），drop（滴），shower（にわか），water（水）

| 前置詞 |：in the rain（雨の中で），outbreak of rain（雨の発生）

（ フレーズ ）

**(as) right as rain**  《略式》元気である，健康である

**canceled in case of rain**  雨天中止

**(come) rain or shine**  《会話》どんなことがあっても

**Into every life a little rain must fall.**  人生に多少の苦労はつきも
   の

**postponed until … in the case of rain**  …に雨天順延

**take a rain check**  お預け

**take shelter from the rain**  雨宿りする

## |    **reason**   名詞

**(1)**  理由，原因

| 形容詞 + reason |：good / sound（もっともな），main / major / primary
  （主要な），compelling（やむにやまれぬ），legitimate / valid（正当な），
   logical（論理的な），simple（単純な），only（唯一の）

| 動詞 + reason |：have（ある），give / cite / provide / state（述べる），

explain（説明する），outline（述べる），pinpoint（特定する），specify（特定する）

|前置詞|：for ... reasons（…の理由で），without reason（わけもなく），the reason behind ...（…の背後にある理由）

|文法形式|：a reason for doing sth（…する理由），the reason why S ＋V（S が V する理由），there is no reason to do sth（…する理由はない）

フレーズ

**a reason for living**　生きがい

**all the more reason**　なおさらの理由

**due to/for reasons beyond sb's control**　人にとってやむを得ない事情により

**for no (apparent) reason**　特に理由もなく

**for one reason or another**　あれこれと理由があって

**for reason best known to yourself/himself/herself, etc.**　それなりの理由があって

**for some reason**　何となく

**for some reason or other**　どういうわけか

**give me one good reason**　もっともな理由を言ってください

**have your reasons**　《略式》人の事情がある

**no reason**　《会話》何となく［理由を言いたくない時に使う］

## (2)　理性，分別，道理

|形容詞＋reason|：human（人間の）

|動詞＋reason|：lose（失う），listen to（聞き入れる），be open to（受け入れる）

フレーズ

**be open to reason**　理屈のわかる人，話のわかる人

**it stands to open**　道理にかなっている

**no rhyme or reason**　分別なく，道理が通ってなく

**Reason gives ways to force.**　無理が通れば通りが引っ込む

## ▎ record　名詞

**(1)　記録，文書**

形容詞＋record ： official（公式），accurate（正確な），detailed（詳細な），medical（医療），dental（歯科治療の），up-to-date（最新の），brith（出生），climinal（犯罪）

動詞＋record ： keep/maintain（つける），compile（作成する），place/put sth on ~（…を記録する），access（アクセスする）

record＋動詞 ： contain/include（含まれる），indicate/show（明らかになる），be available（入手できる）

前置詞 ： off the record（オフレコで），record of …（…の記録）

**フレーズ**

**set/put the record straight**　誤った記録を正す

**the biggest/hottest, etc. on the record**　記録上最も大きい

**(2)　最高記録**

形容詞＋record ： world（世界），national（国内），unbroken（破られていない）

動詞＋record ： hold（保持する），break/beat（破る）

record＋名詞 ： book（記録簿），holder（記録保持者）

**(1) (2) 以外の意味で使用されている record のフレーズ**

**be/go on (the) record as saying (that)**　立場を正式に表明する

**(just) for the record**　《会話》ご参考までに

**in record time**　素早く

R

## | **relationship** 名詞

**関係，つながり，結びつき**

形容詞＋relationship ： good/great（良い），close（密接な），friendly（友好な），strong（強力な），love-hate（愛憎の），human（人間），family（家族），personal（対人），romanti（恋愛），professional（職業上の），sexual（性的），casual（行きずりの），questionable/fishy（クサい），cozy（馴れ合いの）

動詞＋relationship ： have（持つ），develop/form/build（築く），cement（強固にする）

relationship＋動詞 ： deepen（深まる），develop/progress（進展する），worsen（悪化する），break down（決裂する），end（終わる）

前置詞 ： relationship with …（…との関係），relationship between …（…間との関係），relationship to …（…に対する関係）

## | **report** 名詞

**報告（書），報道，情報**

形容詞＋report ： detailed（詳細な），full（完全な），official/formal（公式），written（書面での），oral/verbal（口頭の），confidential（極秘の），exclusive（独占），media/press（メディアの），weather（気象），internal（内部），anonymous（匿名の），latest（最新の），interim（中間）

動詞＋report ： write（書く），make（報告する），give（渡す），prepare（準備する），submit（提出する），confirm（確認する），deny（否定する），dismiss（却下する），issue/release（発表する），refute（反論する）

report＋動詞 ： be based on …（…に基づいている），concern/cover/deal with …（…を扱う），state/say (that) …（…を述べる），

comprise/include ...（...を含んでいる）, explain ...（...を説明する）

report＋名詞 ： author/writer（筆者）, results（結果）

前置詞 ： report on/of/about ...（...についての報告書）

## right 名詞

**(1) 正しさ, 正義, 道理**

フレーズ

**be in the right** もっともである, 道理がある

**know/tell right from wrong/know what's right and what's wrong** 善悪を判断する

**right and wrong** 善と悪

**the rights and wrongs of sth** ...の是非

**(2) 権利, 権**

形容詞＋right ： human（人）, civil（市民）, equal（平等な）, basic/fundamental（基本的）, patent（特許）, voting（投票）, privacy（プライバシーの）, parental（親）, moral（人格）, legal（法的）

動詞＋right ： have（持つ）, violate（侵害する）, exercise（行使する）, give sb（人に権利を与える）, demand（要求する）, defend/uphold（擁護する）

前置詞 ： be within your rights (to do sth)（...する権利がある）, by right/as of right（権利上は）, by rights《会話》（正当に, 当然）, in sb's own right（...の権利で）

フレーズ

**a right of appeal** 上告する権利

**(3) 右, 右側**

動詞＋right ： make/take（曲がる）

R

前置詞 : from the right（右から）, on the right（右側で）, to the right（右側の方に）

フレーズ

**the first/second, etc right**　最初の角／2番目の角を右に

## (1) (2) (3) 以外の意味で使用されている right のフレーズ

**do right by sb**　人を正当に評価する

**have/go sb bang to rights**　(BrE)《略式》人を現行犯で逮捕する

**put/set sth to rights**　…を整頓する

## rise　名詞

**上昇，増加，出世，昇進**

形容詞＋rise : sharp/steep/rapid/sudden（急）, dramatic（劇的な）, significant/substantial（著しい）, steady（着実な）, price（物価）, temperature（気温）, pay（賃上げ）, spectacular（劇的な）, quick/ swift（スピード）

前置詞 : on the rise（上昇中で）, rise in ...（…の増加）, rise of ... （…の昇格）, rise to ...（…への昇格）

フレーズ

**get/take a rise out of sb**　《略式》人を怒らせる

**give rise to sth**　《形式》…を引き起こす

**rise to prominence/fame**　有名になる，名声を得る

**the rise and fall of sth**　…の栄枯盛衰

## river　名詞

**川，河**

形容詞＋river : broad/wide（広い）, long（長い）, swollen（増水し

た）, fast-flowing（急流の）, mighty（大）, sacred（神聖な）

動詞＋river ： cross/ford/get across（渡る）, swim（泳いで渡る）, navigate（航行する）

river＋動詞 ： flow/run（流れる）, wind（曲がりくねって進む）, flood（浸水する）, dry up（干上がる）, rise（増水する）

river＋名詞 ： bank（川岸）, bed（川床）, bottom（川底）, valley（川の流域）

前置詞 ： across a river（川を渡って）, along a river（川に沿って）, up a river（川上に）, down a river（川まで）, on a river（川に）

**フレーズ**

**a bend in a river**　川の湾曲部

**a river is in spate**　(BrE) 川が氾濫している

**sell sb down the river**　見捨てる, 裏切る

**the banks of a river**　川の土手

**the mouth of a river**　川の河口

R

## road　名詞

道, 道路

形容詞＋road ： busy/congested（混んだ）, clear（空いている）, quiet（静かな）, main（主要）, side（わき）, country（田舎）, bumpy（でこぼこ）, steep（急勾配の）, winding/curvy（曲がりくねった）, slippery（滑りやすい）

動詞＋road ： cross（渡る）, run out into（飛び出る）

road＋動詞 ： go/lead/run（伸びる）, branch（分岐する）, cross（交わる）, narrow（狭まる）, widen（広がる）, twist/wind（曲がりくねる）

road＋名詞 ： accident（交通事故）, safety（交通安全）, rage（あおり

運転), map （地図）, sign （標識）, intersection/conjunction （交差点）

前置詞 : up/down the road （道なりに）, across the road （道の向かいに）, by road （車で）, on the road （路上に）, along the road （道沿いに）

フレーズ

**at the side of the road**　道路際に

**be in the/sb's road**　(BrE)《会話》人の行く手をふさいで，人の邪魔になって

**be on the road**　(1) 旅行中である　(2) 地方巡業中である　(3)…に向かっている

**down the road**　《略式》将来

**go down that road**　そちらの方向に話/考えを持っていく

**Good luck on the road.**　道中ご無事で

**hit the road**　《会話》出発する，出かける

**one for the road**　帰る前の一杯

**On the road you need a companion, in life you need kindness**　旅は道連れ世は情け

**the end of the road**　行き詰まり，袋小路

**the road to hell is paved with good intentions.**　悪行は善意によって隠されている [善意でなされた行為でも，意図しない（悪い）結果を招くことがある，ということ]

**the road to sth**　…への道 [the road to recovery/success （回復/成功への道）で使用されることが多い]

## ▌ **rule** 名詞

### 規則，ルール，支配

形容詞＋rule ：strict（厳しい），simple（簡単な），petty（どうでもいい），unwritten（不文律），golden（黄金律），unspoken（暗黙の），traditional（伝統的），formal（正式な），school（学則），absolute/ironclad（鉄則），hard and fast（絶対的な）

動詞＋rule ：bend（曲げる），break/violate《形式》（破る），obey/follow/play by/stick to/go by（遵守する），flout（軽視する），make（作る），relax（緩める），tighten up（厳しくする），enforce（施行する），apply（適応する）

rule＋動詞 ：apply to（適応される），say ...（...を規定する），prevent/prohibit ...（...を禁止する）

前置詞 ：against the rule（ルールに反して），under/according to the rules（ルールでは），rule of ...（...の規則），the rules concerning/governing/relating to ...（...に関する規則），under ... rule（...の支配下で）

文法形式 ：The rule is ...（規則は...である）

フレーズ

**as a rule** 一般に，原則として

**be the rule** 普通のことである

**make it a rule to do sth** いつも...することを原則としている

**rules and regulations** 規則と規定

**rules are rules** 《会話》規則は規則［だから守る必要がある］

**rule of thumb** 経験則

**work to rule** （BrE）順法闘争をする

**the rule of law** 法の支配

**the rules of natural justice** 自然的正義の法

R

## sale 名詞

### (1) 販売，売上高

形容詞＋sale： strong（著しい），good（良好な），disappointing（期待外れの），record（記録的），illegal（違法販売），annual（年間），over-the-counter（店頭での），worldwide（全世界の），retail（小売り販売の）

sales（複数形）＋動詞： increase/rise/grow/go up（増える），fall/drop/go down（落ちる），soar（急上昇する），slump（急下落する）

sales（複数形）＋名詞： figures（高），target（目標），force（営業部員），performance（実績），forecast（見込み）

フレーズ

**a fall/drop in sales** 売り上げの低下

**an increase/growth in sales** 売り上げ増大

**point of sale** 小売業においての商品の販売，売り場での

**sales drive/campaign** 販売キャンペーン

**sales pitch/talk** 売り上げ口上，宣伝文句

### (2) 安売り，セール

形容詞＋sale： annual（年一度の），summer（夏の），winter（冬の），clearance（在庫一掃）

動詞＋sale： hold（行う）

前置詞： in the sale（セールで），on sale（特売中で）

### (1) (2) 以外の意味で使用されている sale のフレーズ

**bill of sale** 売渡証

**for sale** 売り出し中

**on sale or return** (BrE) 売れ残りを返品する条件で

**put sth up for sale** …を売りに出す

## school 名詞

**学校, スクール**

形容詞＋school： state (BrE)/public (AmE) (公立), public (BrE)/ private (AmE) (私立), high (高等), junior high (中), elementary (小), boarding (全寮制の), nursery (保育園), local (地元の), graduate (大学院), prestigious (名門), medical (医科)

動詞＋school： attend/go to (通学する), start (就学する), finish (卒業する), leave/quit (退学する), drop out of (中退する), be off (休む), play hooky from/skip/cut/ditch (サボる)

school＋名詞： pupils (BrE)/students (生徒), friend (学友), uniform (制服), bus (バス), day (授業日), holidays (BrE)/vacations (AmE) (休暇), playground (運動場), library (図書館), curriculum (カリキュラム), district (学区)

前置詞： after school (放課後), before school (就学前), at a school (学校で), in a school (学校の中で)

### フレーズ

**a student who works sb's way through school/college** 苦学生

**buy sb's way into school** 裏口入学

**school characteristics** 校風

**school of thought** 学派

**stay in school another/an extra year** 留年する

S

**work sb's way through school/college**　苦学する

---

| ■  **sea** 名詞 |

**海**

$\boxed{\text{形容詞} + \text{sea}}$：calm（静かな），rough/choppy/stormy/heavy（荒れた），deep（深），inland（内），open（外）

$\boxed{\text{動詞} + \text{sea}}$：cross（渡る），go to（航海する），put (out) to（出港する），be lost at ～（溺れ死ぬ）

$\boxed{\text{seat} + \text{名詞}}$：water（水），air/breeze（風），level（面），bed/floor（底），conditions（状態），creature（生き物）

$\boxed{\text{前置詞}}$：by the sea（海の近くで），at sea（海辺で），across the sea（海を渡って），out to sea（沖へ），into the sea（海で），by sea（船便で，海路で）

$\boxed{\text{フレーズ}}$

**a sea of sth**　大量の…［例えば，a sea of blood（血の海）］

**be (all) at sea**　途方に暮れて［類似フレーズとして，be in the dark/be in the fog（五里霧中）もある］

---

| ■  **seat** 名詞 |

**(1)　座席，席**

$\boxed{\text{形容詞} + \text{seat}}$：available/empty/vacant（空），front（前部），back/rear（後部），driving (BrE)/driver's (AmE)（運転），passenger（助手），window（窓側の），aisle（通路側の），safety/child（チャイルド），front-row（最前列の）

$\boxed{\text{動詞} + \text{seat}}$：have/take（つく），book (BrE)/reserve (AmE)（予約する），give up/offer（譲る），save sb ～（人のために席を取って

おく）

|seat＋名詞|：cover（カバー），cushion（クッション），reservation
（予約）

|前置詞|：in a seat（座席に），seat for ...（...のための座席）

**フレーズ**

**bums on seats**　(BrE)《略式》観客を大量動員する

**(2)　議席，地位，選挙区**

|形容詞＋seat|：safe（BrE）（当選確実な），marginal（BrE）（僅差で争
われる），Parlimentary（BrE）（議席），Senate（AmE）（上院の）

|動詞＋seat|：take（取る），win/gain（勝ち取る），lose（失う），
keep/hold onto（維持する）

|前置詞|：seat in ...（...での議席），seat on ...（...での議席，地位）

**フレーズ**

**a seat at the table**　会議で物事を決める席を得る

**(1)(2)以外の意味で使用されている seat のフレーズ**

**do sth by the seat of your pants**　自力で行う

**in the hot seat**（BrE）**/on the hot seat**（AmE）《略式》苦しい立場
にいる

**on the edge of your seat**　手に汗を握る，わくわくする

**seat of government/power**　《形式》政府の所在地

**seat of learning**　《形式》大学

**take a back seat**（**to sb/sth**）　主導権を譲る

**sense　名詞**

**(1)　感覚，感じ**

|形容詞＋sense|：strong/deep/great（強い），real（本当の），grow-

ing（高まる）, slight（かすかな）, vague（曖昧な）, acute（鋭い）, good（優れた）, poor（鈍い）, sixth（第六）

動詞＋sense ： have（持っている）, lose（失う）, feel/experience（する）

前置詞 ： sense of humor（ユーモアのセンス）, sense of direction（方向感覚）, sense of justice（正義感）, sense of smell/taste/touch（嗅覚/味覚/触覚）, a sense of shame/guilt（後ろめたさ）, a sense of impending crisis（危機感）, a sense of stagnation（閉塞感）

フレーズ

**lose sb's sense/mind**　血迷う

**not have good sense**　野暮である

**with sb's senses honed**　神経を研ぎ澄まして

**(2)　分別, 思慮**

形容詞＋sense ： good（正しい）, common（常識）, business（ビジネス）

動詞＋sense ： have（ある）, lack（ない）, make（道理がなっている）, see（ものの道理がわかる）, talk（まともな話をする）

文法形式 ： there is no sense in (doing) sth（…に何の意味もない）, have the sense to do sth（…する分別がある）, it makes sense (for sb) to do sth（…することは人にとって道理がなっている）

フレーズ

**be out os sb's senses**　正気を失う

**bring sb to their senses**　人を正気に返らせる, 人を目覚めさせる

**come to sb's senses**　正気に戻る, 本心に立ち返る

**not make sense**　要領を得ない

**(3)　意味**

形容詞＋sense ： broad（広い）, narrow（狭い）, general（一般的な）,

conventional（従来の），negative（否定的な），positive（肯定的な），figurative（比喩的な），literal（文字通りの），technical（専門的な），accepted（一般に認められた）

動詞＋sense ： have（持つ），convey（伝える）

前置詞 ： in a sense（ある意味で）

## | share 名詞

### (1) シェア，分け前，取り分

形容詞＋share ： bigger（より大きな），small（少しの），equal（同等の），audience（視聴率），market（市場）

動詞＋share ： get/receive/take（得る），lose（失う），go shares（山分けする）[shares と複数形で用いられる]

前置詞 ： share of ...（...の分け前），share in ...（...での分け前）

フレーズ

**house/flat share** （BrE）共同生活をする

**the lion's share of sth** ...の一番大きい分け前

### (2) 株

動詞＋shares（複数形で） ： have/hold/own（保有している），buy（買う），invest in（投資する），sell（売る），deal in/trade in（売買する）

shares（複数形で）＋動詞 ： rise/go up（上がる），fall/go down（下がる）

share＋名詞 ： price（価），index（指数），ownership（権），dealing（取引），offer/offering（売り出し）

前置詞 ： share in ...（...の株）

S

## | **shoulder** 名詞

**肩，肩幅**

形容詞 + shoulder ： broad / wide ~s（広い），strong / powerful ~s
（力強い），narrow / slim ~s（狭い），dislocated（脱臼した），injured /
wounded（怪我した），stiff（肩こり），round（なで），frozen（肩関
節周囲炎）[四十肩，五十肩のこと]

動詞 + shoulder(s) ： shrug ~s（すくめる），hunch ~s（背中を丸め
る），look over sb's（肩越しに見る）

shoulders + 動詞 ： shake（震える），slump / droop / sag（うなだれ
る），heave（上下する）

フレーズ

**a shoulder to cry on**　悩みを聞いてくれる人

**be/stand head and shoulders above the rest**　他の人よりずば抜
けている，はるかに優れている

**carry sth on sb's own shoulders**　背負い込む

**cry on each other's shoulders**　同病相哀れむ

**cry on sb's shoulder**　泣き言を言う，悩みを打ち明ける

**fall/rest on sb's shoulders**　人に重責がのしかかる

**give sb the cold shoulder**　人に冷たい態度を取る

**have a chip on sb's shoulder**　挑戦的態度を取る

**on her own (slender) shoulders**　女の細腕

**put your shoulder to the wheel**　目的のために本腰を入れて働く

**rub shoulders with sb**　人と付き合う

**say over sb's shoulder**　振り向きざまに捨てゼリフを言う

**shoulder to shoulder**　肩を並べて[類義フレーズは side by side,
stand shoulder to shoulder（肩を並べて立つ）で使用されることが
多い]

**talk straight from te shoulder** 遠慮なく言う

---

コラム

**shoulds and musts** すべきこととしなければいけないこと

ポイント：このフレーズは，a must のように法助動詞が名詞化したものです．これ以外に，shoulds and oughts（主観的義務と客観的義務），maybes and coulds（かもしれないことやできたこと），can'ts and coulds（できないこととできたこと），shalls and should（するつもりであるとすべきである），should and should nots（すべきこととすべきでないこと），musts and have-tos（すべきこととしなければいけないこと）などのフレーズがあります．

---

## show 名詞

**(1) ショー，番組，見せ物**

|形容詞＋show|：live（ライブ），TV/radio（テレビ/ラジオ），quiz（クイズ），game（ゲーム），cast (BrE)/talk (AmE)（トーク），cooking（料理），local（地方局の），national（全国放送の），stage（舞台）

|動詞＋show|：appear on/take part in（ゲストとして出る），present (BrE)/host (AmE)（司会を務める），watch（見る）

|前置詞|：in/on a show（ショーで），from a show（ショーの）

**(2) 展示会，展覧会**

|形容詞＋show|：big（大），annual（年一回の），flower (BrE)（フラワー），dog（ドッグ），fashion（ファッション）

|動詞＋show|：have/hold/organiza/put on（開催する）

|show＋動詞|：feature …（…を特集する）

フレーズ

**on show**   展示されて

**(1)(2)以外の意味で使用されている show のフレーズ**

**boss the show**   采配を振るう

**just a show / (just) for show**   見せかけだけの好意

**Let's get this show on the road.**   《会話》さあ，仕事を始めよう / 旅
　に出よう

**put on an impressive show**   大見得を切る

**put up a good / bad show**   《略式》良い / 悪い出来栄えである

**steal the show**   人気をさらう，話題を独占する，おいしいとこどり

---

## sit   動詞

**座る，着席する**

副詞 ： still（動かずに），quietly（静かに），comfortably（居心地よ
　く），upright / up straight / bolt upright（まっすぐ），cross-legged（足
　を組んで）

前置詞 ： sit at ...（... に向かう），sit on / in / by ...（... に座る），sit
　against ...（... にもたれて座る）

フレーズ

**be sitting pretty**   いい立場にいる

**be so excited sb can't sit still**   そわそわする，ワクワクする

**can't sit still**   足に地がつかない

**just sit back with sb's arms crossed**   手をこまねいて見ている

**not sit right with sb**   腑に落ちない

**not sit well / easily / comfortably (with sb)**   （人に対して）しっくり
　こない，嫌いである

**sit at the feet of sb**   人の教えを乞う，人に師事する

**sit back and take it easy**　左うちわである

**sit back and wait**　じっくり構える，静観する

**sit cross-legged/Indian-style**　あぐらをかいて座る

**sit in judgment (on/over sb)**　（人を）批判する

**sit on a bed of nails/sit on/in the hot seat**　針のむしろ

**sit on the fence**　どっちつかずである

**sit on your hands**　何の行動も起こさない

**sit tight**　《会話》(1) じっと座っておく　(2) 辛抱強く待つ，動かず座って待つ

**sit up and take notice**　関心を示す

句動詞

**sit around**　（自動詞・他動詞）漫然と過ごす

**sit back**　（自動詞）くつろぐ

**sit by**　（自動詞）傍観する

**sit down**　（自動詞）座る，［sit yourself down で］《略式》椅子に座ってくつろぐ

**sit in**　（自動詞）参加する

**sit in for ...**　（他動詞）... の代わりを一時的に務める

**sit in on ...**　（他動詞）...（会議，授業）を聴講する

**sit on ...**　（他動詞）《略式》... を放っておく

**sit out ...**　（他動詞）(1) ... を一定期間止める　(2) 最後まで我慢して残る

**sit through ...**　（他動詞）最後まで我慢して残る

**sit up**　(1)（自動詞・他動詞）起き直す　(2)（自動詞）［sit up straight で］背筋を伸ばして座る

## situation 名詞

**状況，情勢**

形容詞＋situation ： difficult（困難な），tricky（微妙な），dangerous（危険な），the present/current（現在の），crisis（危機的），win-win（双方に有利な）

動詞＋situation ： create（招く），assess/review（評価する），deal with（対応する），improve/remedy（改善する），comprehend/grasp（理解する）

situation＋動詞 ： arise《形式》/come about（生じる），change（変わる），improve（改善する），worse/deteriorate/get worse（悪くなる）

**フレーズ**

**given the situation**  状況が状況だから

**have the situation**  まずいことになる

**unbecoming to the situation**  その場にふさわしくない

## skill 名詞

**スキル，技能，手腕，腕前，力**

形容詞＋skill ： considerable（かなりの），great（非凡な），good（良い），basic（基本的な），practical（実践的な），computer（コンピューター），reading（読解），writing（書く），communication（コミュニケーション），language（語学），interpersonal（人付き合いの），congnitive（認識），management（経営）

動詞＋skill ： have/posess（持っている），learn/acquire（習得する），develop（磨く），use（使う），require/take（必要とする）

skill＋名詞 ： level（水準），acquisition（習得），shortage（不足）

前置詞 ： with skill（上手に），skill in/at ...（...の技能）

**have a marketable skill** つぶしがきく

**master a skill/an art** 一芸に秀でる

**the skill of an artisan/a craftsperson** 職人芸

## skin 名詞

**肌, 皮膚**

形容詞＋skin ： fair/white（白い），pale（青白い），dark（浅黒い），black（黒い），brown（褐色の），olive（黄褐色の），tanned（日焼けした），smooth/soft（柔らかい），healthy（健康な），flawless（完璧な），dry（乾燥），oily（脂っぽい），sensitive（敏感），leathery（硬い），wrinkled（しわのある），freckled（そばかすのある），blotchy（シミのある）

動詞＋skin ： burn（焼く），damage/break（傷つける），protect（保護する），irritate（ただれさせる），soothe（落ち着かせる），dry（out）（乾燥させる），age（老化させる）

skin＋動詞 ： glow/shine（輝く），peel（むける），sag（肌のハリがなくなる），tingle（ヒリヒリする）

skin＋名詞 ： colour（BrE）/color（AmE）/tone（色）[the colour/color of skin ともいう]，condition（状態），complaint/disease（皮膚病），irritation（かぶれ），rash（吹き出物），cancer（がん），allergy（アレルギー），texture（きめ），inflection（感染症）

**be/become (all) skin and bones** 痩せる [become thin as a rail, become a bag of bones ともいう]

**Beauty is only thin skin.** 美しさは紙一重 [外見の美しさはうわべだけのもの，という意味]

S

**by the skin of sb's teeth**　危機一髪で［by a hair ともいう］

**escape death by the skin of sb's death**　命拾いする［have a narrow escape ともいう］

**get soaked/drenched to the skin**　ずぶ濡れになる

**get under sb's skin**　(1) 徐々に心を奪う［steal sb's heart (away) だと「あっという間に心を奪う」の意味］　(2) 人の癪にさわる

**have a thick/thin skin**　神経が図太い，打たれ強い/繊細である，打たれ弱い

**It's no skin off sb's nose.**　《会話》人にとって痛くも痒くもない

**make sb's skin crawl**　むしずが走る［give the the creep ともいう，ただし，こちらの方が嫌悪感が弱い］

**save sb's own skin**　保身に走る［save sb's own neck ともいう］

## sky　名詞

空

形容詞＋sky：blue（青），gray (BrE)/grey（灰色の），dark/black（暗い），bright/clear/cloudless（雲のない），starry（星のきらめく），night（夜），morning（朝の），open（広々とした）

sky＋動詞：clear（晴れる），cloud over（曇っている），darken（暗くなる），open（雨が降り出す）

前置詞：in the sky（空に），across the sky（空を横切って），beneath/under the sky（空の下で），sky above …（… の上空），a patch of sky（一点の青空）

フレーズ

**a pie in the sky**　絵に描いた餅

**praise sb/sth to the skies**　人/物を褒めちぎる

**that (great) … in the sky**　あの世の…

**the sky is limit.** 青天井である

---

| **sleep 名詞**

**睡眠，眠り**

$\boxed{\text{形容詞} + \text{sleep}}$ : long（長い），little/short（短い），deep/sound/heaby（熟睡），light/restless（浅い），exhausted（疲れ果てた），uneasy（休まらない），REM（レム）

$\boxed{\text{動詞} + \text{sleep}}$ : go to/get to（眠る），drift/drop off to（いつの間にか），go back/get back to（二度寝する），send sb to（人を眠らせる），get（眠る），have（BrE）（少しだけ），catch up on（寝不足を解消する），sing/rock/lull sb to（歌で人を眠らせる），fall into（落ちる），awake（sb）from（人の目が覚める）

$\boxed{\text{sleep} + \text{動詞}}$ : overcome/overtake（睡魔がおそう）

$\boxed{\text{sleep} + \text{名詞}}$ : cycle（サイクル），pattern/schedule（パタン/スケジュール），loss（不足），disorder（障害），aid（グッズ）

$\boxed{\text{前置詞}}$ : during sleep（睡眠中に），in your sleep（睡眠中に）

**フレーズ**

**can do sth in your sleep**　《略式》目をつぶっていても…できる

**could recite sth in sb's sleep**　…に精通している，熟知している

**fight off sleep**　睡魔に打ち勝つ

**go to sleep**　(1) 寝つく　(2)《略式》（身体の一部が）痺れる

**lose sleep over sth**　…を眠れないほど心配する

**murder sb in their sleep**　寝首をかく［stab sb in the back ともいう］

**not get a wink of sleep/not sleep a wink/without a wink of sleep**　一睡もできない

**put/send sb to sleep**　(1) 人を寝つかせる　(2) 人に麻酔をかける

**put sth to sleep ...**　（動物）を安楽死させる

**sb's eyes are heavy with sleep**　まぶたが重たくなる

**... sleeps until/till sth**　《略式》...まで...晩

**try/struggle to fight off sleep**　睡魔と戦う

## ▎smile　名詞

### 笑み，笑顔，微笑

形容詞＋smile ：big/broad/wide（満面の），warm（温かな），friendly（愛想の良い），faint/slight（微笑み），quick（ちらりとした），slow（ゆったりとした），dazzling（眩しい），embarrassed（照れた），beaming（晴々とした），wry（苦い），fake/forced/phony/diplomatic/polite（作り）

動詞＋smile ：give/flash sb（人ににっこりする），have ~ on sb's face/lips（顔/口元に笑みを浮かべる），force（無理して），manage（何とか），wear（笑う），return（微笑み返す）

smile＋動詞 ：spread（across）（広がる），fade/vanish（消える），come across/over/to ...（...に浮かぶ）

前置詞 ：with a smile（微笑んで）

▎フレーズ

**be all smile**　満面の笑みを浮かべる

**let sth pass with a smile**　笑って済ます [cf.「笑い事では済まされない」は，It's no lagughing matter. という]

**wipe the smile/grin off sb's face**　人を真顔に戻す，人を青ざめさせる

## ▌ **song** 名詞

**歌，ソング，曲**

形容詞＋song： good/great（良い），catchy《略式》（覚えやすい），
new（新しい），old（古い），pop（ポップ），folk（フォーク），popu-
lar（流行），love（ラブ），theme（主題），cover（カバー）

動詞＋song： sing（歌う），play（かける），perform（披露する），
write（書く），compose（作曲する），record（録音する），download
（ダウンロードする），listen to（聴く），burst/break into（歌い始め
る）

song＋動詞： come on/play（かかる），sound ...（...に聞こえる）

song＋名詞： lyric（歌詞），title（歌の題名），writer（作詞/曲家）

前置詞： in a song（歌で）

フレーズ

**give a song and dance about sth**（AmE）...について長たらしい
言い訳をする

**for a song** 二束三文で

**make a song and dance about sth**（BrE）《略式》...のことで無駄
に騒ぎ立てる

S

## ▌ **sound** 名詞

**音，サウンド**

形容詞＋sound： loud（大きな），faint（かすかな），soft（柔らかな），
deafening（耳につんざく），audible（耳に聞こえる），distinctive（独
特の），strange（妙な），familiar（聞き慣れた），distant（遠くの），
muffled（こもった），high-pitched（甲高い），low（低い），vowel
（母），cosonant（子）

前置詞 ： sound of ... (...の音)

| 動詞 + sound | ： hear（聞こえる）, make（立てる）, listen to（聞く）, utter/pronounce（発音する）

| sound + 動詞 | ： come from ...（...から聞こえてくる）, carry（通る）, travel（伝わる）, stop（止まる）, die away/fade (away)（徐々に弱まる）

| sound + 名詞 | ： wave（波）, effect（効果）

| 前置詞 | ： sound of ...（...の音）

フレーズ

**by/from the sound of it/things**　見聞したことから判断すると

**not like the sound of sth**　...について何か嫌な感じ/引っかかる感じ/気にくわない

## space　名詞

**(1)　空間, スペース**

| 形容詞 + space | ： small/narrow（狭い）, large（広い）, adequate/ample/enough（十分な）, open（空いている）, wide-open（大きく開けた）, enclosed（囲まれた）, empty/blank（空き地, 余白）

| 動詞 + space | ： fill (in)/occupy（満たす）, make（作る）, leave（残す）, clear（空ける）, take up（占める）

| 前置詞 | ： space between A and B（A と B の空間）

フレーズ

**breathing space**　息つく暇

**look/stare/gaze into space**　虚空を見つめる

**personal space**　個人空間

**time and space**　時間と空間

**waste of space**　空間の無駄使い

**(2) 宇宙**

　[動詞＋space]：go into（行く）

　[space＋名詞]：travel（旅行），research（研究），exploration（探査），programme（BrE）/program（AmE）（計画），flight（飛行）

### (1) (2) 以外の意味で使用されている space のフレーズ

**in a short space of time**　わずかな時間に

**in/within the space of sth**　…の期間で

**Watch this space**　乞うご期待，この欄を見て，お楽しみに

---

### sport 名詞

**スポーツ，運動競技**

　[形容詞＋sport]：individual（個人），organized（団体），spectator（観客観覧型），competitive（競技），contact（コンタクト），winter（冬の），extreme（極限），professional（プロ），indoor（インドア），outdoor（アウトドア），after-school（放課後の）

　[動詞＋sport]：do sports（BrE）/sport（AmE）/play（する），take part in（参加する），take up（始める），compete in（出る）

　[sport＋名詞]：team（チーム），club（クラブ），filed/ground（グラウンド），event（イベント），personality（選手），facilities（施設），equipment（設備），injury（怪我），day（運動会）

　[前置詞]：in sport（スポーツで）

### フレーズ

**a bad/poor sport**　負け惜しみの強い人

**a good sport**　負けてもクヨクヨしない人，潔い人

## ▌ stage 名詞

**(1)  段階，時期，期**

形容詞＋stage ： initial/early（初期），later/final/closing（最終），
advanced（かなり進んだ），preliminary（予備），halfway/interme-
diate（中間），new（新しい），critical/crucial（決定的），formative
（形成），transitional（過渡）

動詞＋stage ： reach/get to（達する），enter（入る），go through（通
る），mark（画す）

前置詞 ： at one stage（過去のある時に），at some stage（未来のある
時に），at this/that stage（このぶんでいくと），at an early stage（初
期の段階で），at a late/later stage（後の段階で）

フレーズ

**a stage of development**   発達段階

**at this stage of the game**   この期に及んで

**(2)  舞台，ステージ**

形容詞＋stage ： centre（BrE）/center（AmE）（中央），empty（誰も
いない），revolving（回り），makeshift（仮設），international（国
際），global/world（世界の），national（国内の）

動詞＋stage ： appear in（出る），step on（onto）/take/stand on（立
つ）

stage＋名詞 ： name（芸名），actor（俳優），director（監督），man-
ager（主任），direction（ト書き），production（作品），play（劇），
crew（裏方）

フレーズ

**get stage fright**   あがる，緊張する

**the back/front of the stage**   舞台後方/前方

**the edge/side of the stage**   舞台のへり/側方

**(1) (2) 以外の意味で使用されている stage のフレーズ**

**set the stage for sth** …のためにお膳立てする

## ■ **standard** 名詞

**基準, 水準**

形容詞＋standard：high（高い）, low/poor（低い）, acceptable/ adequate（相応な）, strict/rigorous/rough（厳しい）, clear（明確な）, accepted（容認されている）, official（公式）, international（国際）, national（国内）, living（生活）[standard of living ともいう], safety（安全）, quality（品質）, double（二重）, rough（目安）

動詞＋standard：meet（満たす）, reach（達する）, set/lay down（定める）, improve/raise（上げる）, lower（下げる）, maintain（維持する）, be/come up to（達する）

standard＋動詞：improve（上がる）, fall/slip/drop（下がる）

前置詞：below standard（基準以下で）, above standard（基準以上で）, by … standard（…の基準で）, up to standard（基準に達するまで）, by any standard（いかなる基準によっても）

**フレーズ**

**a drop/decline in standards** 水準の低下

**an improvement/rise in standards** 基準の向上

**not … by any standard** お世辞にも…ない

**standard practice** 相場

**standard tactics** 正攻法

S

## ▍ step 名詞

**(1) 歩き方，一歩**

形容詞＋step ： large（大きな），small（小さな），heavy（重い），light（軽い）

動詞＋step ： take/move（歩く），retrace（来た道を戻る）

前置詞 ： step back/backward(s)（一歩後退），step forward（一歩前進），step toward(s) …（…への一歩）

**(2) 前進，一歩，手段**

形容詞＋step ： big/major（大きな），first（最初の），next（次の），small（小さな），important（重要な），positive（積極的な），reasonable（理にかなった），necessary（必要な），immediate（緊急の）

動詞＋step ： go/make/take（段取りする），follow（段取りに従う）

前置詞 ： step in …（…の手段），step toward(s) …（…への一歩），step backward(s)（一歩後退）

文法形式 ： step to do sth（…するための一歩）

フレーズ

**a step in the right direction**　正しい方向への一歩

**be one step short of sth**　…への一歩手前である

**get/be/keep/stay one step ahead (of sb)**　（人より）一歩先んじる

**one false step and …**　一歩間違うと…

**step by step/one step at a time**　一歩一歩

**take a step (to do sth)**　…するための処置をとる，方策を講じる

**take sb by the hand and teach sb step by step**　手取り足取り教える

**take the necessary step/measure**　手立てを講ずる，手を打つ

**(3)　(複数形で) 階段**

形容詞＋steps ： front (正面)，back (裏)

動詞＋steps ： go up/run up ((走って) 上がる)，go down/run down ((走って) 下りる)，ascend/climb (上がる)，descend (下りる)

steps＋動詞 ： lead to sth (…へ続く)

前置詞 ： a flight of steps (ひと続きの階段)，steps to … (…への階段)，steps down to … (…へ下りる階段)，steps up to … (…へ上がる階段)，the bottom/foot of the steps (階段の下)，the top of the bottom (階段の上)

**(1) (2) (3) 以外の意味で使用されている step のフレーズ**

**every step of the way**　絶えず，ずっと

**in/into step**　(1) (＋with …) …と歩調を合わせて [fall into step with …で使用される]　(2) (＋with …) …と調和して

**march in step**　(行進などで) 足並みが揃う

**mind** (BrE)**/watch your step**　(1) 足元に気をつける　(2) (言動に) 注意する

**out of step**　(1) 歩調を乱して　(2) (＋with …) …と調和せずに

**pull a step ahead**　頭一つ抜ける [pull ahead of the pack ともいう]

**take drastic steps/measures**　荒療治をする

**street　名詞**

**通り，ストリート，道，路上**

形容詞＋street ： busy (にぎやかな)，crowded (混雑している)，quiet (静かな)，empty/deserted (人気のない)，narrow (狭い)，pedestrian (歩行者専用)，the high (BrE)/main (AmE) (目抜き)，shopping (BrE) (商店街)，residential (住宅街の)，one-way (一方

通行の），back（裏通り），side（横道），winding（曲がりくねった），cobblestone（石畳の）

動詞＋street ：cross（横断する），stroll（ぶらつく），roan/wander（うろつく）

street＋動詞 ：go（通じている），be named sth/be named after sb/sth（…にちなんで名付けられている）

street＋名詞 ：corner（街角），light/lamp（街灯），crime（犯罪），violence（暴力），vendor（露店商），performer（芸人），stall（屋台），life（生活），child（チルドレン），people（ホームレス），musician（ミュージシャン）

前置詞 ：across the street（通りを横切って），along the street（通りに沿って），down the street（通りを下って），on the street（通りで）

フレーズ

**according to the man/woman/person in the street**　下馬評では

**be (living) on easy street**　何不自由なく暮らす

**on/in the street**　宿なしで

**(right) up your street**　(BrE) あなたの好みにピッタリ

**street ahead (of sb/sth)**　…より優れている

**the man/woman/person in/on the street**　市井の人

**urinate/piss on the street**　立ち小便する［relieve oneself on the street ともいう］

**walk the streets/end up on the streets**　路頭に迷う

## study 名詞

**(1) 勉強，学習**

形容詞＋study ：independent（自習），full-time（全日制の），part-time（定時制の）

---

$\boxed{\text{動詞} + \text{study}}$：take up（始める）

$\boxed{\text{study} + \text{名詞}}$：group（グループ），programme（BrE）/programe （AmE）（プログラム），skill（能力），period（時間）

$\boxed{\text{前置詞}}$：study for ...（...のための学習）

$\boxed{\text{フレーズ}}$

**a quick study** （AmE）飲み込みの早い人

**an area/a filed of study** 学習分野

## (2) 研究，調査，...学，...研究 [studies で用いる]

$\boxed{\text{形容詞} + \text{study}}$：research（調査），detailed/in-depth（詳細な），pervious/earlier（先行），pilot/preliminary（パイロット），clinical（臨床），experimental（実験的），feasibility（実行可能性），area ~s（地域），business ~s（経営），cultural ~s（文化）

$\boxed{\text{動詞} + \text{study}}$：do/carry out/conduct（行う），work on（従事する），publish（出版する）

$\boxed{\text{study} + \text{動詞}}$：find sth（...を明らかにする），show sth（...を示す），suggest/indicate sth（...を示唆している），reveal sth（...を明らかにする），confirm sth（...を立証する），aim to do sth（...を目的とする），investigate sth（...を調べる）

$\boxed{\text{前置詞}}$：study into/on ...（...についての研究），in the study（研究で）

$\boxed{\text{フレーズ}}$

**an area/a field of study** 研究分野

**make a study of sth** ...の研究をする

**the aims of the study** 研究の目的

**the results/findings of a study** 研究の結果/発見

$\boxed{\text{(1) (2) 以外の意味で使用されている study のフレーズ}}$

**be a study in sth** ...の例として最適である

## ▌ subject 名詞

**(1) 話題，問題**

形容詞＋subject ： interesting（面白い），fascinating（魅力的な），difficult/complex（難しい），controversial（議論のある），sensitive/touchy（扱いの難しい），taboo（触れてはいけない）

動詞＋subject ： discuss/talk about（ついて話す），change/get off the（逸らす），deal with（扱う），cover（扱う），touch on（触れる），address（取り上げる），bring up/raise（持ち上げる），get back to（に戻る），avoid/keep off/stay off（触れない），swich（すり替える）

subject＋動詞 ： arise/come up（持ち上がる）

前置詞 ： on the subject（話題について），subject of ...（... の話題）

フレーズ

**Not to change the subject, but ...** 話は違うが...

**This is a little off the subject/track, but ...** 余談になりますが...

**(2) 教科，学科，科目**

形容詞＋subject ： difficult（難しい），easy（やさしい），compulsory（必須），core/main（主要），technical（専門），arts（BrE）/art（AmE）（人文系），science（理系）

動詞＋subject ： take（科目をとる），choose（科目を選ぶ），fail（in）（科目を落とす）

前置詞 ： in the subject（科目で）

## ▌ success 名詞

**成功，成果**

形容詞＋success ： great/big/huge/major（大），resounding/outstanding/spectacular（並外れた），limited（限られた），commercial

（商業的）, economic （経済的な）, academic （学術的）, box-office
（興行的）

動詞＋success ： have （収める）, achieve （成し遂げる）, meet with
（成功する）, bring （もたらす）, gurantee （保証する）, predict （予測
する）

success＋動詞 ： come （来る）, depened on ... （... による）, lie
in ... （... にある）

success＋名詞 ： rate （率）, factor （要因）, story （ストーリー）

前置詞 ： with success （成功して）, without success （成功せず）,
success in ... （... での成功）

フレーズ

**a chance/hope of success**  成功の見込み/望み

**Every failure is a stepping stone (that leads) to success.**  失敗は
成功のもと ［You learn from your mistakes., Failure is the origin
of success., Failure teaches success. ともいう］

**in quest of success**  成功を求めて

**the key to success**  成功の鍵

**the road to success**  成功への道

**the secret of sb's success**  ～の成功の秘訣

## support 名詞

**(1) 支援，援助，支持**

形容詞＋support ： complete/full （全面的）, active （活発な）, en-
thusiastic （熱烈な）, strong （強力な）, unanimous （満場一致の）,
widespread （幅広い）, wholehearted （心からの）, massive （多大な）,
finanical （経済的）, moral （心情的）

動詞＋support ： have （得ている）, win/gain/attract （集める）,

give/lend sb's ~（人を支援する）, pledge（確約する）, get/draw（得る）, enjoy/command《形式》（得ている）, drum up/rally（呼びかける）, enlist《形式》/mobilize（得る）, build (up)（強める）, withdraw（打ち切る）

**support＋名詞**：base（基盤）, group（グループ）, services（サービス）, personnel（要員）

**前置詞**：in support of ...（...を支持して）, with sb's support（人の支援で）, without sb's support（人の支持なしで）, support for ...（...に対する支援）, support from ...（...からの支援）, support against ...（...に反対する支援）

## (2)  扶養，生活費

**形容詞＋support**：child（子供の）, income（生活保護）, social（社会的）

**動詞＋support**：claim（請求する）, pay（支払う）

## ▋ surprise  名詞

### 驚き，思いがけないこと，サプライズ

**形容詞＋surprise**：big/great（大きな）, complete/total（全く意外な）, nice/pleasant/lovely（愉快な）, unpleasant/nasty（不愉快な）

**動詞＋surprise**：come as（意外である）, come as no（驚かない）, get/have（意外に思う）, give sb（人の意表を突く）

**surprise＋名詞**：visit（訪問）, party（パーティー）, announcment（発表）, attack（奇襲攻撃）, move（動き）, victory（勝利）, guest（不意の客）

**前置詞**：surprise for/to sb（人にとって驚くべきこと）, in/with surprise（びっくりして）

フレーズ

**be in for a surprise**　驚く

**Surprise!**　《会話》サプライズ！

**surprise, surprise**　(1) ほら　(2)（BrE）《会話》これは，これは

**take/catch sb by surprise**　(1) 人に不意打ちをかける　(2) 人を
　驚かす

**to sb's surprise/to the surprise of sb**　人の驚いたことには


## system　名詞

### (1)　制度，システム

形容詞＋system：effective/efficient（効率的），inefficient（非効率
的），complex/complicated（複雑な），current/existing（現行の），
political（政治的），educational（教育），health-care（医療）

動詞＋system：introduce（導入する），develop（開発する），adopt/
implement（施行する），use（利用する），run/operate（運営する），
reform（改善する），modernize（現代風にする）

system＋動詞：operate/work（機能する），break down/fall（崩壊
する）

### (2)　組織，システム，装置

形容詞＋system：automated/automatic（自動），computer-based/
computerized（コンピューター化した），manual（主導），air-condi-
tioning（空調），life-support（生命維持），global positioning（全地
球測位）

動詞＋system：build/create（構築する），develop（開発する），in-
stall（設置する）

system＋動詞：function（機能する），operate/run（作動する），
break down/fall（故障する）

S

前置詞 ： in a system（システム内で）

## (1)(2) 以外の意味で使用されている system のフレーズ

**all systems go**　準備完了

**beat the system**　規則の盲点を突く

**get it/things out of sb's system**　憂さを晴らす

## table 名詞

**(1) テーブル, 卓**

形容詞 + table：large（大きい）, coffee（コーヒー）, folding（折りたたみ）, wodden（木の）, empty（空の）, dining（ダイニング）, kitchen（台所の）, bedside（ナイト）, dressing（鏡台）, writing（書き物）, examining（検査台）, makeshift（仮設）

動詞 + table：lay/set（食卓の用意をする）, clear（片付ける）, sit at/around（座る）, get up/leave（食事の席を立つ）, book/reserve（予約する）

table + 名詞：decoration（飾りづけ）, cloth（クロス）, napkin（ナプキン）, manners（マナー）

前置詞：on the table（テーブルに, 俎上にのる）, at the table（テーブルに）, under the table（テーブルの下で, 袖の下, 賄賂）[money under the table のパタンで]

フレーズ

**eat at the same table** 同じ釜の飯を喰う [live under the same room ともいう]

**put sth on the table** 会議にかける

**the head of the table** 上座

**(2) 表**

形容詞 + table：statistial（統計）, league（リーグ）

動詞 + table：compile（作成する）, see（参照する）

table + 動詞：show sth（表が…を示す）

前置詞 : in the table (表に)

フレーズ

**the bottom of the table** 表の最下部

**the top of the table** 表の最上部

(1) (2) 以外の意味で使用されている **table** のフレーズ

**turn the tables (on sb)** 形勢を逆転させる

## team 名詞

**チーム，仲間，団体**

形容詞＋team : opposing/rival (相手), dream (ドリーム), junior (ジュニア), mixed (男女混合), joing (合同), national (国の代表), home (地元), visiting (アウェー), crack (選りすぐりの), medical (医療)

動詞＋team : assemble/put together/form (編成する), play for (プレーする), support (支える), captain (キャプテンを務める), make (一員となる), drop sb from (外れる), sign for (契約する), head/lead (指揮する)

team＋動詞 : enter/make it into (参加する), play (出場する), win sth/lose sth (…に勝つ/負ける), work with sb/sth (…と仕事をする), develop sth (…を開発する)

team＋名詞 : game (戦), sport (競技), captain (主将), member (メンバー) [a member of team ともいう], coach (コーチ), manager (監督), meeting (ミーティング), dynamics (力学), spirit (スピリット), effort (努力)

前置詞 : in/on the team (チームに)

## telephone 名詞

### 電話 (機)

形容詞 + telephone ： public（公衆）, office（職場の）, mobile (BrE) / celluer (AmE) / portable（携帯）, satellite（衛星）

動詞 + telephone ： use（使う）, be on（電話中である）, answer/ get/pick up（出る）, hang up（切る）, put down（置く）

telephone + 動詞 ： ring（なる）, ring off the hook（鳴り止まない）

telephone + 名詞 ： number（番号）, book/directory（帳）, bill（料金）, charges（料金）, conference/conversation（会談）, interview（インタビュー）, poll（世論調査）, hotline/support（相談）, tapping（盗聴）, box (BrE) / booth（ボックス）

前置詞 ： on the telephone（電話中で）, over the telephone（電話で）

フレーズ

**a (tele) phone phobia/fear of talking on the (tele) phone** 電話恐怖症

**be always on the (tele) phone** 電話魔である

**fall for a telephone scam** オレオレ詐欺に引っかかる［cf. 振り込め詐欺は bank transfer fraud という］

## television 名詞

### テレビ，テレビ放送

形容詞 + television ： live（生）, national（全国）, local（地方）, commerical（民放）, state（国営）, cable（ケーブル）, satellite（衛星）, prime-time（ゴールデンアワーの）, flat-screen（薄型）, widescreen（ワイドスクリーン）, daytime（昼間の）, reality（リアリティー）

[動詞 + television]：watch（見る），switch on/turn on（スイッチを入れる），switch off/turn off（スイッチを消す），see/watch sth on ~（... を見る）

[television + 動詞]：broadcast sth（... を放送する）

[television + 名詞]：show/program（番組），series（シリーズ），film/movie（映画），documentary（ドキュメンタリー），news（ニュース番組），commentator（コメンテーター），journalist（ジャーナリスト），reporter（リポーター），producer（プロデューサー），director（ディレクター），coverage（報道），ratings（視聴率）

[前置詞]：in television（テレビ業界で），on television（テレビで）

## test 名詞

### (1) テスト，試験

[形容詞 + test]：demanding/difficult（難しい），aptitude（適性），multiple-choice（多肢選択），intelligence（知能），proficiency（能力），driving（運転），listening/oral/written, etc.（リスニング/口頭/筆記）

[動詞 + test]：do (BrE)/sit (BrE)/take (AmE)（受ける），pass（合格する），fail/flunk (AmE)（落ちる），do well badly in (BrE)/on (AmE) a ~（良い/悪い成績をとる），give sb（する），mark (BrE)/grade (AmE)（試験を採点する）

[test + 名詞]：paper（用紙），result/score（成績），question（問題）

[前置詞]：in (BrE)/on (AmE)（試験で），test on sth（... についてのテスト）

### (2) 実験，検査

[形容詞 + test]：exhaustive（徹底的），rigorous（厳密な），extensive（広範な），preliminary（予備），routine（定期），statistical（統計的），

empirical（実験的），field（実地），lab（臨床），forensic（法医学），diagnostic（診断），medical（健康），eye（視力），blood（血液），hearing（聴力），urine（尿），genetic（遺伝子），drug（薬物），pregnancy（妊娠），breath（呼気）

| 動詞＋test |：have/undergo（受ける），carry out/conduct/run（する）

| test＋動詞 |：take place（行われる），confirm sth（… を証明する），indicate/reveal sth（… を示す），prove negative/positive（陰性/陽性を示す）

| test＋名詞 |：result（結果），performance（結果），date（データ），methods（方法），procedures（手順），driver（ドライバー），period（期間），phase/stage（段階）

| 前置詞 |：test for sth（… 用の検査），test on sth（… への検査）

### （1）（2）以外の意味で使用されている test のフレーズ

**a test of strength**　力関係

**acid test LSD**　（違法薬物の一種）を使用するパーティー

**have a test of endurance**　我慢比べをする

**put sb/sth to the test**　人・物への真価が問われる

**stand the test of time**　時の試練に耐える

**the real test**　本番

**T**

### コラム

**those who/they who/these who ~**　～する人々
**those that ~**　～する人々，物，動物

ポイント：これまで，those who ~ は「～する人」，those that ~ は「～するもの」という区別がされていましたが，この区別は変化しています．これは，関係代名詞 that と時代の影響によります．関係代名詞は，先行詞が人・物，または人と動物を含む場合は who でも which でもなく that が選択されます．この類推に

より，先行詞が人の場合でも that が選択されるようになり，those that で人を指すようになったと考えられます．また，昨今は chairperson（議長）が chairman と chairwoman の中立的な単語であるのと同様に，those that（人・物）は those who（人）と those that/ which（物）の中立的なフレーズです．下記を参照してください．

those who ◀──────── those that ────────▶ those that, those which
　　人　　　　　　　　人・物・動物　　　　　　　　　　　物

those who ~, those that ~ 以外に人を表すフレーズに they who ~, these who ~ があります．この代名詞の使い分けは，話者からの心理的距離により決まります．話者が身近に感じている人々について具体的情報を示す場合は these who ~, 話者が中立的な立場から人々について情報を示す場合は those who ~, 話者が遠く離れた人々についての情報を示す場合には they who ~ が用いられます．

---

**コラム**

**though A but B　A ということもあるが実は B である**

ポイント：本来は though A だけで but B を従えることはない，と言われていました．文脈で though の前に述べられている内容（＝前提部）について，A で断定を和らげ，一部修正など補足的に情報を追加し，but B で前提部の本質を述べる，もしくは明言をしています．ただし，though A but B の A と B の情報は並列的ではありません．重要度の度合いは，A＜B となります．though A but B は，not only A but also B, either A or B などのような相関接続詞として働いています．though A but B 以外に，not A though A' but B（A ではなくて A' ということもあるが実は B である），not only A though A' but B（A だけでなく，

A ということもあるけれど，実は B である）のようなフレーズ
も観察されます．

## thought 名詞

### (1) 考え，アイデア，思考

形容詞＋thought ： first（最初の），passing（ふとした），sobering
（酔いが覚める），comforting（前向きな），sudden（突然の），ran-
dom（とりとめのない），disturbing（不安にさせる），original（独創
的な），careful（慎重な），deep/profound（深い），logical（論理的），
critical（批判的），second（再考），coherent（首尾一貫した）

動詞＋thought ： have（もつ），think（考える），express（表明する），
share（分かち合う），collect（まとめる），be deep in/be lost in（考
え込んでいる），cannot beare（耐えられない）

thought＋動詞 ： occur to/come to/strike sb（頭に浮かぶ），cross
sb's mind（人の頭によぎる），turn to sth（…に向かう）

フレーズ

**cannot/can't bear the thought of …ing**　…するのにしのびない

**don't give it another thought.**　《会話》気にしないでください

**give sth some thoughts**　よく考える［I'll give it some thoughts.（考
えておきましょう）と使用されることもある］

**It's/That's a thought.**　《会話》それは良い考えだ

**It's just a thought.**　《会話》単に言ってみただけ

**on second thought**　《会話》《略式》そうじゃなくて，いややっぱり

**perish the thought!**　《会話》とんでもない！

**with no thought for sb/sth**　…を全く考えずに

**without giving it much/serious thought**　軽はずみに

**(2)　思想**

形容詞＋thought：modern（近代），Eastern/Western（東洋/西洋），religious（宗教），philosophical（哲学），liberal（自由主義），socialist（社会的）

thought＋名詞：crime（犯）

フレーズ

**a school of thought**　学派

(1)(2) 以外の意味で使用されている thought のフレーズ

**It's the thought that counts.**　《会話》大切なのは気持ちです

---

**｜　town　名詞**

**町，街，市**

形容詞＋town：small/little（小さい），major/large（大きな），busy（活気のある），quiet（静かな），sleepy（活気のない），home/native（故郷の），ghost（ゴースト），border/frontier（辺境の），beach/coastal/seaside（海辺の），twin（姉妹），market（市場），provincial/rural（田舎），ancient/historic（歴史的な），cathedral（門前）

動詞＋town：live in（住む），get out of/leave（逃げ出す），skip（高飛びする）

town＋動詞：flourish（栄える），grow（育つ）

town＋名詞：centre（BrE）/center（AmE）（中心地），hall（市役所），council（町議会）

前置詞：in town（町に），out of town（町から），from town to town（町から町へ）

フレーズ

**go to town (on sb)**　《略式》熱心にやる，…に大金を費やす

**(out) on the town**　（特に夜に）街に出て浮かれ楽しんで

**paint the town (red)/go out on the town/go for a big night out on the town**　どんちゃん騒ぎをする

**the talk of the town**　町中の噂のタネ

**town and gown**　大学のある都市の一般住民と大学関係者

## train　名詞

### 電車，列車

形容詞＋train：underground (BrE)/tube (BrE)/subway (AmE)（地下鉄），local/slow（鈍行），express/fast（急行），stopping（普通），direct（直通），midnight（夜行），first（始発），last（最終），passenger（旅客），commuter（通勤），freight/goods（貨物），packed（満員），full（満席の），bullet（新幹線）[the Shinkansen ともいう]，delayed（遅れている）

動詞＋train：take/catch/get/make（乗る），go by/travel by（旅行する），get on/board（乗る），hop on/jump aboard/jump on（飛び乗る），miss（逃す），get off（降りる），wait for（待つ），change（乗り換える）

train＋動詞：run（走る），arrive（到着する），leave/depart（出発する），pull into sth（…に入ってくる），pull out of sth（…から出る），be bound for sth（…行きである），be delayed/be late（遅れている），slow down（速度を落とす），brake（ブレーキをかける），come to halt/stop/halt（停車する），derail（脱線する），pass（通過する），collide with sth（…と衝突する），be loaded with sth（…を積んでいる）

train＋名詞：journey (BrE)/trip (AmE)（旅行），fare（賃），timetable (BrE)/schedule (AmE)（時刻表），ticket（切符），conductor（車掌），crew（乗務員），driver/engineer（運転士），crash/wreck (AmE)（衝突），accident（事故），derailment（脱線）

前置詞 ： by train（電車で），aboard/on/on board the train（電車に乗って），train between smw（…間の電車），train to/for smw（…へ行きの電車），train from smw（…からの電車）

**電車，列車以外の意味で使用されている train のフレーズ**

**a train of thoughts**　思考の流れ［I lost a train of thoughts.（あれ，何の話をしていたんだっけ？）で使われることがある］

**a train of events**　一連の出来事

**bring sth in its train**　《形式》結果として…をもたらす

**set sth in train**　(BrE)《形式》…を始めるために手はずを整える

## travel　名詞

**旅行，旅**

形容詞＋travel ： air（空の），rail（電車の），bus（バスの），domestic（国内），international/foreign（海外），long-distance（長距離），business（出張），leisure（観光），holiday（BrE）/vacation（AmE）（休暇），cheap（格安），space（宇宙）

travel＋名詞 ： agency/agent（代理業者），industry（代理業），arrangements（手配），expenses/costs（費用），insurance（保険），budget（予算），itinerary/schedule（旅程），destination（目的地），season（シーズン），guide（ガイドブック）

前置詞 ： travel to smw（…への旅行），travel from smw（…からの旅行），on sb's travels（旅行中）

## trouble　名詞

**(1)　もめごと，迷惑，トラブル，悩み，困ったこと**

形容詞＋trouble ： big/great（大きな），deep（深刻な），terrible（深

刻な）, endless（絶え間ない）, serious（深刻な）, domestic/family（家庭内の）, financial/money（金銭的）, teething（BrE）（初期の）

動詞＋trouble：have（抱える）, cause（引き起こす）, mean/spell（なる）, get（yourself）into/run into（陥る）, avoid（避ける）, be asking for（求めている）, have no time（手間がかからない）

trouble＋動詞：come（生じる）, begin/start（始まる）

trouble＋名詞：spot（紛争地）

前置詞：in trouble（困って）, trouble for sth（…のためのトラブル）, trouble with sth（…とのトラブル）, trouble between sth（…間のもめごと）

文法形式：The trouble（with sb/sth）is that S＋V（困ったことは S＋V である）

**フレーズ**

**a source of trouble**　いざこざのタネ

**avoid further trouble in the future**　後腐れがないようにする

**Don't ask for trouble.**　触らぬ神に祟りなし

**get oneself in trouble**　自ら面倒を招く［cf.「自分で自分の首を絞める」は hang oneself with sb's own rope という］

**give sb trouble**　手こずる

**if it won't pay you to any trouble/bother**　ご迷惑でなければ

**if you have any trouble**　困った時

**make trouble for others/bother the others**　はた迷惑である［cf.「近所迷惑なことをする」は make trouble for the neighbours（BrE）/neighbors（AmE）, bother the neighbours（BrE）/neighbors（AmE）という］

**No problem.**　お安い御用です

**trouble is brewing（for）/there's trouble brewing**　面倒なことが起こりかけている

**without any/much trouble**　楽々と

## (2)　骨折り，努力

形容詞＋trouble：considerable/enormous/great（かなりの）

動詞＋trouble：bring（sb）/cause（sb）/give sb/make（人に苦労を
　かける），go to/take（手間をかける），be worth（骨折りがいがある），
　save sb（人の手間を省かせる），thank sb for（人の骨折りに感謝する）

文法形式：have no trouble（in）…ing（難なく…する），go to the
　trouble of…ing（わざわざ…する）

フレーズ

**be more trouble than it's worth**　労多くて功少なし

**It's not trouble at all./Please don't go to any trouble.**　おかまい
　なく［Please don't trouble yourself./Please don't bother. ともい
　う］

**not be worth the trouble**　割が合わない

**take a little extra trouble**　一手間かける

---

### ▌　**truth**　名詞

## (1)　真実，事実，真相

形容詞＋truth：whole/full（全貌），honest（まぎれもない），naked
　（赤裸々な），simple（単純な），plain（明らかな），honest/secret（隠
　された），awful（恐るべき），painful（痛ましい），sad（悲しい），
　unpleasant（不愉快な）

動詞＋truth：tell/speak（言う），know（知っている），find out/dis-
　cover（見つける），uncover/reveal（明らかにする），learn（知る），
　get at/to《略式》（掴む），accept（受け入れる），admit（認める），
　face（直視する）

truth＋動詞：be/lie（存在する），come out/emerge（明らかにする）

[前置詞]：in truth（実際には），truth about sth（…についての事実），truth behind sth（…の裏にある事実），truth in sth（…における真実）

[文法形式]：The truth is that S + V.（真実は S + V である）

[フレーズ]

**get the truth out of sth**　…の真相を聞き出す

**if (the) truth be known/told**　実を言うと

**It's sometimes necessary to stretch the truth.**　嘘も方便

**not a grain of truth in sth/not a bit of truth**　事実無根の

**Nothing could be further than the truth.**　全くの見当違いである

**stretch the truth**　事実を捻じ曲げる

**the truth of the matter**　事の真相

**there's some truth to/in sth**　…はわからないこともない

**to tell you the truth**　《会話》実を言えば

**Truth/Fact is stranger than fiction.**　事実は小説よりも奇なり

## (2)　真理

[形容詞＋truth]：absolute（絶対的），basic（基本的），central（核心的），common（広く行き渡った），fundamental（根本的），universal（普遍的），unplesanat（不快な）

[動詞＋truth]：establish/reveal/uncover（明らかにする），acknowledge（認める），tell sb（人に真理を求める）

[前置詞]：truth about sth（…に関する真理）

## type　名詞

### タイプ，型，種類

[形容詞＋type]：particular（特殊な），same（同じ），different（異なる），main/major（主要な），blood（血液），personality（性格の），hair（髪質），skin（肌質），body（体型），popular（人気のある），

favourite (BrE)/favorite (AmE)（お気に入りの）, common/stan-
dard（標準型）, conventional（従来型）, novel（斬新型）, artistic（芸
術家）, silent（無口な）, jealous（嫉妬深い）

動詞＋type : distinguish（区別する）, identify/recognize（確認す
る）, classify（分類する）, choose/select（選定する）

前置詞 : in type（タイプとして）, of a type（タイプの）, type of sth
（…のタイプ）

フレーズ

**be just not sb's type**　人の好みのタイプではない，人に合わないタ
イプである

**be sb's type**　《会話》(性的に) 人の好みのタイプである

**true to type**　(BrE) 予想通り

## university　名詞

**大学**

形容詞＋university ： prestigious（有名）, leading/major（一流）, elite（エリート）, public（公立）, private（私立）, local（地方）, state（州立）

動詞＋university ： go to/attend（行く）, study at（学ぶ）, apply to/for（出願する）, be at（BrE）（大学生である）, start/enter（入る）, leave/graduate from（卒業する）, drop out of（中退する）

university＋名詞 ： course（課程）, student（大学生）, graduate（卒業生）, lecturer（BrE）（講師）, professor（教授）, staff（職員）, education（教育）, degree（学位）, fees（BrE）/tuition（AmE）（授業料）, campus（キャンパス）, department（学部）, dean（学部長）, president（学長）

前置詞 ： at a university（大学で）

## until　前置詞

フレーズ

**from A until to B**　（念押しの機能）A から B までずっと

☞ (up) until to, from A until to B は、「～まで」という意味を表す until と to が屋上屋によりできたフレーズで、「～まで」を念押しする機能を持ちます．このように、意味的に類似した単語を重ねあわせてできたフレーズは、現代英語の特徴の 1 つです．

**It was not until A that B**　A してはじめて B した

コラム

## until before sth　〜以前に

ポイント：複合前置詞フレーズ until bĕfore は，[継続動詞 +
(up) until before + 時を表す名詞（句）] という形式で使用される
傾向にあります．until before の成り立ちは，次の通りです．意
味的に似た単語 before との混交と before の反意語 after が使用
されたフレーズ until after の影響により，until before が成立し
ました．その後，until before と意味的に類似した up until が混
交を起こし，up until before が成立したと考えられます．この
成り立ちを図式化したものが下記となります．

（井上 2019: 153）

コラム

## until by sth　（期限ぎりぎりの念押しとして）〜までに

ポイント：複合前置詞 until bý は，[達成動詞 + until by + 終点
を表す名詞（句）] の形式で使用される傾向にあります．until by
の成り立ちは，意味的に似た単語 by との混交，[until] [by the
time/by now/by and by など] の until by-phrase から [until by]
の独立した使用です．下記を参照してください．

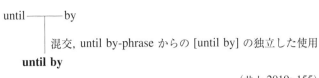

until —┬— by

　｜混交, until by-phrase からの [until by] の独立した使用

**until by**

(井上 2019: 155)

---

**コラム**

### until to sth/up until to sth　（念押しで）〜まで

ポイント：複合前置詞 until to sth は，sth に表示される出来事・事柄・時まで動詞の状態・行為が継続す継続の念押しとして機能しています．until to 以降に現れる語句は，last, end などの何かしらの物事の最後を表すものです．up until to sth は，until to の念押しをさらに強く念押ししています．until to は，意味的に類似した前置詞 to との混交によりできたものです．until to が確立した後，from A to B と until to が混交し，from A until to B というフレーズが観察されます．up until to は，意味的に類似した up to と until to の混交によりできたフレーズです．この説明を図式化したものが下記となります．

until ——————— to

　　　　　　　　　　 ｜混交

from A to B ——— **until to** ——┬— up to

　　　　　　｜混交　　　　　　 ｜混交

**from A until to B**　**up until to**

(井上 2018: 51)

ストレスは，until tó, up until tó が一般的です．

U

## value 名詞

### (1) （金銭的）価値，価格，重要性

形容詞＋value ：high（高い），low（低い），market（市場），monetary/cash（金銭的），real/true（真価），average（平均），estimated（見積），land（地価），property（資産），added（付加），doubtful/dubious（疑わしい），intrinsic（主たる），aesthetic（美的）

動詞＋value ：increase in/rise in/go up in（高める），fall in/down in（下げる），double in（2倍にする），put/place/set（評価する），have（持つ），appreciate/realize/recognize（わかる），overestimate（過大評価する），underestimate（過小評価する），calculate/estimate（見積もる），emphasize/underline（強調する）

value＋動詞 ：be/lie（ある），double（2倍になる），go up/rise/increase（上がる），fall/go down/decrease（下がる）

value＋名詞 ：judgement（判断），system（体型）

前置詞 ：in value（価値の点で），to the value of sth（…の値打ちがある）

フレーズ

**a drop/a fall in value**　価値の下落
**an increase/a rise in value**　価値の上昇

### (2) （複数形で）価値観

形容詞＋values ：traditional（伝統的），universal（普遍的），social（社会的），conservative（保守的な），cultural（文化的），family（家族に重きを置く）

| 動詞＋values |： have（持つ），encourage（推奨する），embody（具現化する），preserve/uphold（保持する），share（共有する）

| 前置詞 |： a set of values（一連の価値観）

## ▌ view 名詞

### (1) 見解，考え，意見，視点

| 形容詞＋view |： political（政治的），sb's personal（〜の個人的），general/prevailing（世間一般の），strongly held/deeply held（強く/深く受け入れられている），alternative（別の），balanced（バランスの取れた），different/differing/diverging（異なる），conflicting/opposing（対立する），extreme（極端な），unorthodox（因習的でない），world（世界観），distorted（偏見）

| 動詞＋view |： have/hold（持つ），take（採用する），express（述べる），air（公表する），confirm（確認する），echo（共鳴する），reinforce（補強する），support（支持する），reflect（反映する），endorse（是認する），exchange/share（交わす）

| view＋動詞 |： reflect sth（…を反映する），differ（from sth）（…と異なる），prevail（優勢である）

| 前置詞 |： according to view（見解によれば），in sb's view（…の見解では），view on/about sth（…についての意見），a point of view（視点）

> フレーズ

**an exchange of views**　意見交換

**be of the same view**　同意する

**It (all) depends on your point of view.**　ものは考えよう［It's (all) a matter of how you look at it./It (all) depends on how you look at it. としても同じ］

V

**take a dim/poor view of sth** …を低評価する

### (2) 眺め，景色，光景

形容詞＋view ： breathtaking（息を呑むような素晴らしい），bird's-eye（鳥瞰図），wonderful（素晴らしい），panoramic（一望），spectacular（壮大な）

動詞＋view ： get/have（見る），disappear from/be hidden from（視界から消える），block（遮る），enjoy（楽しむ），offer/provide（提供する）

前置詞 ： in view（(1) 見えるところに (2) 考慮して），view across/over sth（…を見渡す眺め），view of sth（…の眺め）

### (1) (2) 以外の意味で使用されている **view** のフレーズ

**in view of sth** 《形式》…のために

**on view** 公示/展示されて

**take the long view (of sth)** (BrE)（…を）長い目で見る

**with a view to (doing) sth** …することを目的として

## voice 名詞

### 声，口調，歌声

形容詞＋voice ： loud（大），quiet（物静かな），low（低い），soft（穏やかな），high（高い），clear（澄んだ），trembling/shaking（震えた），husky（ハスキーな），beautiful（美しい），gravelly/hoarse（しゃがれた），audible（聞き取れる），familiar（聞き慣れた），monotone（単調な），threatening（ドスの聞いた），inner（内なる）

動詞＋voice ： raise（あげる），lower/keep ~ down（おとす），lose（出なくなる），control（制御する），imitate（真似る），recognize（わかる），impersonate sb's ~（…の声色を使う）

voice＋動詞 ： go up/rise（高まる），drop（低くなる），break/crack

（声変わりする），tremble／shake（震える），sound sth（…のように聞こえる），echo（響き渡る），whisper（ささやく）

voice＋名詞：mail（メール），message（メッセージ），coach／trainer（トレーナー），impressionist（声帯模写を行う人）

前置詞：in a … voice（…の声で），tone of voice（口調）

【フレーズ】

**at the top of sb's voice** 声を限りに

**in a firm voice** 毅然とした口調で

**in a wheedling tone of voice** 猫撫で声で

**sb like(s) the sound of their own voice.** 《会話》人が自分の意見を得意げに話す

**speak with one voice** 一つにまとまる

【声，口調，歌声以外の意味で使用されている voice のフレーズ】

**give voice to sth** …に対しての感情（意見）を表す

V

## walk　名詞

**散歩，道のり，歩くこと，歩道，ウォーキング**

形容詞＋walk：long（長い），short（短い），little（ちょっとした），a ten-minute, etc.（10分の），solitary（一人の），circular（環状），nature（自然の中の），sponsored（慈善）

動詞＋walk：go for a/take a/have a（する），take sb/sth for ~（…を散歩させる）

前置詞：on a walk（散歩中に），within a walk（歩ける距離に），walk to smw（…への歩き），walk from smw（…からの歩き）

散歩, 道のり, 歩くこと, 歩道以外の意味で使用されている**walk**のフレーズ

**from all walks of life**　あらゆる立場から


## war　名詞

**戦争，戦い，争い，〜戦**

形容詞＋war：cold（冷），civil（内），nuclear（核），guerrilla（ゲリラ），ongoing（進行中の），religious（宗教），bloody（血みどろの），all-out（総力），just（正義の），holy（聖），trade（貿易），price（値引き）

動詞＋war：fight/make/wage（する），win/lose（勝つ/負ける），declare（宣戦布告をする），go to（始める），end（終わらせる）

war＋動詞：break out（勃発する），approach（差し迫る），continue/go on（続く），come to an end/end（終わる）

$\boxed{\text{war + 名詞}}$：years（戦時中），hero（ヒーロー），veteran（体験者），criminal（犯罪人），casualities（死傷者），correspondent（従軍記者），zone（交戦地帯），crime（犯罪），cemetery（共同墓地），memorial（記念碑）

$\boxed{\text{前置詞}}$：be in war（戦争中である），at war（戦争中で），be on the brink of war（戦争の寸前にいる），war against sth（…に対しての戦争），war with sth（…との戦争），war between …（…間の戦争），war on sth（…に対する戦争），war of sth（…のための戦争）

$\boxed{\text{フレーズ}}$

**a war of words**　言葉の戦争，舌戦

**All is fair in love and war.**　恋と戦争は手段を選ばない

**be in the wars**　(BrE)《会話》怪我をしている

**the aftermath of war**　戦争の名残

**This means war.**　《会話》こうなったら戦うぞ！

## waste　名詞

**(1)　浪費，無駄，無駄使い**

$\boxed{\text{形容詞 + waste}}$：absolute/complete（完全な），neddless（不必要な），expensive（贅沢な）

$\boxed{\text{動詞 + waste}}$：go to（無駄になる），cause（原因になる），avoid（避ける），cut (down)/reduce（減らす）

$\boxed{\text{前置詞}}$：(a) waste of sth（…の浪費）

$\boxed{\text{フレーズ}}$

**a waste of talent**　宝の持ち腐れ

**It's (just) a waste of breath/words./You're wasting your breath/words.**　言うだけ野暮

**What a waste!/It's a waste.**　《会話》[It's a waste. は「もったいな

いから，すぐにやめなさい」と相手をとがめる感じが含まれる]

## (2)　廃棄物，くず，ごみ

形容詞＋waste ： household/domestic（家庭），industrial（産業），chemical（化学），toxic（有毒），hazardous（有害），radioactive（放射性），nuclear（核），human（人間の排泄物），recycleable（資源），factory（工場）

動詞＋waste ： recycle（リサイクルする），dispose of（処分する），dump（投棄する），create/generate（生み出す），deal with/handle（取り扱う）

waste＋名詞 ： collection（収集），disposal（処理），incineration（焼却），recycling（リサイクル），dump/site（ごみ捨て場），pipe（排水管）

### (1) (2) 以外の意味で使用されている waste のフレーズ
**a waste of space**　《会話》全く役に立たない人

## wave　名詞

### (1)　波

形容詞＋wave ： big（大きい），small（小さい），enoumous（巨大な），breaking（打ち寄せる），rolling（うねる），tidal（津波）[tsunami も可]

動詞＋wave ： ride/catch（乗る），surf（サーフボードで波に乗る）

wave＋動詞 ： break（砕ける），hit sth（…に打ちつける）

wave＋名詞 ： energy（波動エネルギー），power（波力）

前置詞 ： in the wave（波間で），on the waves（波の上で）

### (2)　うねり，高まり，波

形容詞＋wave ： big/enormous（巨大な），new（新しい），current

（現在の），first（第一），crime（犯罪の），heat（熱波）

|動詞＋wave|：send（もたらす），cause/create（生む），launch（引き起こす）

|wave＋動詞|：hit sb/sth（…に打ちつける），sweep/wash over sb（人を襲う）

|前置詞|：(a) wave of sth（…の波），on a wave（波に乗って）

| フレーズ )

**a wave of panic/nausea, etc.** パニック/吐き気の波

**a wave of violence** 暴力行為増加の波

**make waves** 波風が立つ

## (3)（手などを）振ること

|形容詞＋wave|：farewell/goodbye（別れること），casual（何気なく手を振ること），half-hearted（気乗りせずに手を振ること）

|動詞＋wave|：give sb（人に手を振る），retun（お返しに手を振る）

|前置詞|：with a wave（手を振って），wave of sth（…を振ること）

---

（ コラム )

### the way how S + V　S が V のようにする

ポイント：これまで，This is how I did.（私はこのようにしました。）が正しく，*This is the way how I did. は間違いとされてきました．しかし現代英語では，the place where S＋V，the time when S＋V，the reason why S＋V などの「先行詞＋関係副詞」の類推により，the way how S + V が使用されます．the way how S＋V が be 動詞の補語に来る場合，① it's just the way how S＋V，② that's the way how S＋V，③ this is（not）absolutely/exactly how S＋V，④ ～ is the way how S＋V のパタンで使用されることがあります．

**W**

---

### the way how to do　する方法

ポイント：これまで，the way how to do は間違いとされてきた
フレーズです．しかし，現代英語では，観察されます．これは，
the way to do と how to do の類推によりできたフレーズです．

---

## ┃　will　名詞

### (1)　意志

形容詞＋will ： strong（強い），iron（鉄の），weak（弱い），free（自
由），majority（多数の），national（国民の），political（政治的）

動詞＋will ： have（ある），lack（欠く），lose（なくす），regain（取
り戻す），impose ~ on sb（人に意志を押し付ける），go against（逆
らう）

前置詞 ： against sb's will（不本意ながら），at will（思うままに），
with a will（熱心に）

文法形式 ： the will to do sth（…する意志）

フレーズ

**a battle of wills**　意地の張り合い

**an act of will**　意志の力

**an effort of will**　意志の努力

**by force of sb's will**　念力で

**God's will/the will of God**　神の思し召し

**of sb's own free will**　自由意志で

**where there's a will there's a way**　精神一到何事がなざらん

**with the best will in the world**　(BrE)《会話》(否定文で) どんなに
努力しても

## (2) 遺言 (状), 遺書

形容詞 + will ：valid (有効な), living (生前の)

動詞 + will ：draft (作成する), make/write (作成する), leave (作成する), execute (実行する), alter/change (変更する), break/set aside (無効にする)

前置詞 ：by will (遺言により), in the will (遺言で), under the will (遺言により)

フレーズ

**sb's last will and testament**　人の遺言状


## winter 名詞

**冬, 冬季**

形容詞 + winter ：last (昨年の), this (この), early (早い時期), late (終わり), long (長い), bad/bitter/severe (厳しい), cold (寒い), freezing (凍える), mild (穏やかな)

winter + 名詞 ：conditions (気象), temperature (気温), weather (気候), clothes/clothing (冬服), Olympics (オリンピック), sports (スポーツ)

前置詞 ：in (the) winter (冬に)

フレーズ

**in the depths of winter**　真冬に

**Old Man Winter**　冬将軍

**W**


## wish 名詞

**願い, 願望**

形容詞 + wish ：deepest/greatest (もっとも切なる), express/expressed（明白な）, secret（秘めた）, dying（臨終の）, final/last（最後の）, personal（個人的な）, impossible（叶わぬ）

動詞＋wish ： make（かける）, get/have（ある）, grant/fulfill sb's（人の願いを叶える）, express（言う）, go against（そむく）, ignore（無視する）, respect（尊重する）

wish＋動詞 ： come true（叶う）

wish＋名詞 ： list（欲しいものリスト）

前置詞 ： against sb's wishes（人の願いに反して）, in sb's wish（人の願いで）, in accordance with sb's wish（人の願いに沿って）, wish for sth（…への願い）

文法形式 ： It is sb's earnest wish that S＋V.（SV は人の切なる願いである）

フレーズ

**Give my best wishes/regards to sb.** 《会話》人によろしくお伝えください

**have no wish to do sth** 《形式》…はしたくない

**It's like a wish come true.** 願ったり叶ったり

**(With) best/good/warmest, etc. wishes** （手紙などの結びの句で）ご多幸をお祈りします.

**your wish is my command.** お望みのままにしますよ

## ▌ **wood** 名詞

### (1) 木, 木材

形容詞＋wood ： solid（無垢材）, bare（裸の）, natural（自然の）, dead（枯れた）, rotten/rotting（腐った）, hard（建材）, soft（軟材）

動詞＋wood ： chop（斧で切る）, cut（切る）, saw（のこぎりで切る）, be made from/in/out of/of（…からできている）, carve sth from/

in (…を彫る)，burn (燃やす)，gather (集める)，paint (ペンキを塗る)

wood＋名詞 ： chip (くず)，pulp (木材パルプ)，engraving (木版彫刻)，frame (枠)，floor (床)，fire (焚き火)，stove (薪ストーブ)

前置詞 ： in wood (木製の)

フレーズ

**not be out of the wood(s) yet** 《略式》まだ油断はできない，危機を脱していない

**sb can't see the wood for the trees.** 木を見て森を見ず

**the grain of the wood** 木目

**touch wood** (BrE)/**knock on wood** (AmE) くわばらくわばら

**(2) (複数形で) 森，林**

形容詞＋woods ： deep (深い)，dense/thick (うっそうとした)，dark (暗い)

前置詞 ： in the woods (森の中で)，into the woods (森の中へ)，through the woods (森を抜けて)

フレーズ

**deep in the woods** 森の中深く

**the edge/middle of the woods** 森のはずれ／森の真ん中

**work** 名詞

**(1) 仕事，職務，勤め**

W

形容詞＋work ： part-time (パートタイムの)，full-time (常勤の)，paid (有給の)，unpaid (無給の)，well-paid (高給の)，badly paid (給料の良くない)，temporary (臨時の)，regular (定職)，freelance (フリーランスの)，office/administrative (事務の)，secretarial (秘書の)，manual (手作業)，voluntary (BrE)/volunteer (AmE) (ボラ

ンティアの), daily/routine（日々の）

| 動詞＋work |： start（始める）, look for/seek《形式》（探す）, find/
get（得る）, return to/go back to（復帰する）, stop（辞める）, out-
source（外部委託する）, coordinate（調整する）, go to（行く）,
ditch（サボる）, skip（休む）, take on/undertake（引き受ける）

| work＋動詞 |： go（進行する）, start（始まる）, finish（終わる）

| work＋名詞 |： days（就業日）, hours（勤務時間）, force（全従業員）,
place（職場）, schedule（作業予定）, experience（勤務経験）, visa
（就労ビザ）, incentive（労働意欲）, ethic（労働倫理）

| 前置詞 |： at work（仕事中で）, in (your) work（職に就いて）, off
work（仕事を休んで）, out of work（失業して）, through work（仕
事を通して）

### フレーズ

**a line of work**  業種

**a piece of work**  (1) 仕事の成果  (2) とんでもない人，扱いにく
い変な人  (3) 優れた作品

**all work and no play (makes Jack a dull boy)**  よく遊びよく学
べ

**at work**  (1)（何かを作る）作業中で  (2)（影響が）働いて

**be a work in progress**  進行中の仕事

**be all in a day's work**  《会話》いつものことながら，当然のことで

**do sb's dirty work**  人の泥を被る

**have your work cut out (for you)**  《略式》大変な苦労をする

**in the pipeline** (BrE)/**works** (AmE)  計画中で

**make heavy/hard work of sth**  …を苦労して行う

**make short/light/quick work of sb/sth**  人/物を手っ取り早く
やっつける，片付ける

**Nice/Quick work!**  《会話》よくやった！

**nice work if you can get it** 楽でうらやましい仕事

**the (whole) works** 《略式》《会話》全て

## (2) 努力，作業，活動

形容詞＋work ： hard（大変な），challenging（骨の折れる），demanding/heavy（きつい），rewarding（やりがいのある），tough（困難な），physical（肉体），creative（創造的），individual（個人），group（グループ），collaborative（共同），outstanding（卓越した），humanitarian（人道的）

動詞＋work ： carry out/do（実施する），support（支援する）

work＋動詞 ： go（進行する），begin/start（始まる），continue/go on（続く）

work＋名詞 ： crew（作業班），load（作業量）

## (3) （音楽，芸術，学問の）作品，著作

形容詞＋work ： fine（立派な），best-known（最もよく知られた），important（重要な），influential（影響力のある），scholarly（学術的），creative（創造的），latest（最新の），published（公表された）

動詞＋work ： compose（作り出す），write（書く），publish（出版する），display/exhibit（展示する）

work＋動詞 ： depict sth（…を表現する），appear/be on show（陳列されている）

前置詞 ： in the work（作品の中で）

### (1) (2) (3) 以外の意味で使用されている work のフレーズ

**a nasty piece of work** 卑劣な人

**be sure to work** 必勝法

W

## ▌ **worker** 名詞

**労働者，従業員**

形容詞＋worker ： skilled（熟練した），unskilled（未熟な），part-time（パートタイムの），full（常勤の），temporary（臨時），casual（日雇い），blue-collar/manual（肉体），white-collar（事務系の），low-paid（低賃金），hard/good（よく働く），quick（仕事の早い），slow（仕事の遅い）

動詞＋worker ： employ/hire（雇用する），recruit（募集する），dismiss/fire（解雇する），lay off（一時的に解雇する），exploit（搾取する），educate（教育する）

worker＋動詞 ： be on strike（ストライキ中である），earn sth（…稼ぐ），demand sth（…を要求する）

worker＋名詞 ： productivity（生産性），protection（保護），rights（権利）

## year 名詞

### (1) 年，1年，1年間

形容詞 + year ： last（去年），previous（前の），current（今年），coming（来る），new（新年），financial（BrE）/fiscal（AmE）（会見年度），whole（まる一年），gap（BrE）（ギャップイヤー）［大学入学前に社会経験を積むためにとる年のこと］，alternate（隔年），hard/tough（厳しい），lucky（あたり），first/second/third/fourth（BrE）（1年生/2年生/3年生/4年生）［(AmE) では大学の場合，freshman（1年），sophomore（2年），junior（3年），senior（4年）と表現する］

動詞 + year ： spend（過ごす），take sth（…年かかる）

year + 動詞 ： begin/start（始まる），end/finish（終わる），go by/pass（過ぎる）

前置詞 ： year after year（来る年も来る年も），year by year（年ごとに），year on year（BrE）（前年比での），throughout the year（1年中）

フレーズ

**a year-end party**  忘年会

**even if sb tried/sb would have to try a thousand years**  何千年やってみても

**never/not in a million years sth**  《会話》絶対…しない

**put years on sb**  人を老けさせる

**skip a year/grade**  飛び級をする

**stay in school another/an extra year**  留年する

**take/shave years off sb's life**　寿命を縮める

**take years off sb**　人を若返らせる

**the year dot**　《略式》大昔

## (2)　(複数形で) 期間，時期

形容詞＋years ： early (初期の)，childhood (幼年)，teenage (ティーンエイジの)，interveening (間の)，war (戦争中)

動詞＋years ： spend (過ごす)

前置詞 ： in recent years (最近)，in later years (後の期間)，for years (何年もの間)

# 参考文献

Goldberg, A. E. (2019) *Explain Me This: Creativity, Competition, and the Partial Productivity of Constructions*, Princeton University Press, U. S.

Inoue, A. (2007) *Present-day Spoken English: A Phraseological Approach*, Kaitakusha, Tokyo.

井上亜依 (2018)『英語定型表現研究の体系化を目指して──形態論・意味論・音響音声学の視点から』研究社，東京．

井上亜依 (2019)『英語フレーズ研究への誘い』開拓社，東京．

井上亜依 (2020)「心理的距離と抽象度による代名詞の使い分けが及ぼす影響──人を表す they who，these who，those who の場合─」『英語実証研究の最前線』，八木克正・神崎高明・梅咲敦子・友繁義典 (編)，33-48，開拓社，東京．

八木克正 (2004)「意味的統語論からみた want の補文構造」『英語研究の諸相──言語・教育・文学』，後藤弘 (編)，15-35，共同文化社，札幌．

八木克正・井上亜依 (2004)「譲歩を表す成句表現にともなう省略現象と機能転換」『英語語法研究』第 11 号，158-173．

八木克正・井上亜依 (2013)『英語定型表現研究──歴史・方法・実践』開拓社，東京．

# 索　引

1.　本書で取り上げた大見出し語とその掲載ページを示す.
2.　adj. = 形容詞, n. = 名詞, v. = 動詞を表す.

井上　亜依　（いのうえ　あい）

東洋大学 経済学部 教授．博士 (言語コミュニケーション文化)．

著書：『英語フレーズ研究への誘い』(単著, 開拓社, 2019), 『フレーズ活用英語塾――世界で活躍できる人材になる』(単著, 小学館, 2019), 『英語定型表現研究の体系化を目指して――形態論・意味論・音響音声学の視点から』(単著, 研究社, 2018, 第 12 回日本英語コミュニケーション学会学会賞受賞), 『英語定型表現研究――歴史・方法・実践』(共著, 開拓社, 2013), *Present-Day Spoken English: A Phraseological Approach* (単著, 開拓社, 2007)。その他, 共著書, 編著書有り．

論文："A Semantic approach to examining English causative constructions" (*International Journal of English Language and Linguistics Research* Vol. 11, No. 4, pp. 43-62, 2024), "Idiom variants observed in present-day English: systematic or creative?" (*Journal of Language and Linguistic studies*, Vol. 18, No. 4, pp. 519-544, 2022), "Phraseological cleansing: Creating a dictionary for Japanese English learners" (*Asian Lexicography in the Digital Age: Challenges and solutions*, pp. 108-122, 2022), "English-Japanese dictionaries for leaners: Phraseological probrems and proposed solutions" (*Lexicography and language documentation*, pp. 14-27, 2021), "Corpus pattern analysis of *of*――construction phrase transformations to the genitive" (*International Journal of English Linguistics*, Vol. 10, No. 6, pp. 118-129, 2020), "English phraseological research on *until by*/*before* working as complex prepositions" (*International Journal of English Linguistics*. Vol. 9, No. 1, pp. 1-14, 2019), "Functional conversions of phraseological units working as prepositions: The case of group prepositions expressing concession" (*International Journal of English Language and Linguistic Research*. Vol. 6, No. 3, pp. 32-56, 2018), "Newly established idioms through the blending of semantically similar idioms――*take care for, take care about,* and *care of*" (*Lexicon*, No. 48, pp. 1-24, 2018) など, 40 本以上．

国内・国際学会での発表 95 件以上, これまで学会賞 5 回受賞．

英語らしさ獲得に役立つ
厳選 英語フレーズ小辞典

&lt;一歩進める
英語学習・研究ブックス&gt;

2024 年 6 月 24 日　第 1 版第 1 刷発行

著作者　　井 上 亜 依
発行者　　武 村 哲 司
印刷所　　日之出印刷株式会社

発行所　　株式会社　開 拓 社

〒112-0013　東京都文京区音羽 1-22-16
電話　（03）5395-7101（代表）
振替　00160-8-39587
https://www.kaitakusha.co.jp

ISBN978-4-7589-1226-6　C0382